서비스 영어의 기술

The Art of Service English

서비스 영어의 기술

발행일	2025년 5월 23일

지은이	김보균		
펴낸이	손형국		
펴낸곳	(주)북랩		
편집인	선일영	편집	김현아, 배진용, 김다빈, 김부경
디자인	이현수, 김민하, 임진형, 안유경, 신혜림	제작	박기성, 구성우, 이창영, 배상진
마케팅	김회란, 박진관		
출판등록	2004. 12. 1(제2012-000051호)		
주소	서울특별시 금천구 가산디지털 1로 168, 우림라이온스밸리 B동 B111호, B113~115호		
홈페이지	www.book.co.kr		
전화번호	(02)2026-5777	팩스	(02)3159-9637
ISBN	979-11-7224-626-6 03740 (종이책)	979-11-7224-627-3 05740 (전자책)	

잘못된 책은 구입한 곳에서 교환해드립니다.
이 책은 저작권법에 따라 보호받는 저작물이므로 무단 전재와 복제를 금합니다.
이 책은 (주)북랩이 보유한 리코 장비로 인쇄되었습니다.

(주)북랩 성공출판의 파트너

북랩 홈페이지와 패밀리 사이트에서 다양한 출판 솔루션을 만나 보세요!

홈페이지 book.co.kr · 블로그 blog.naver.com/essaybook · 출판문의 text@book.co.kr

작가 연락처 문의 ▶ ask.book.co.kr

작가 연락처는 개인정보이므로 북랩에서 알려드릴 수 없습니다.

외국인 고객 앞에서도 당당해지는
현장 실전 영어

서비스 영어의 기술

The Art of Service English

김보균 지음

한국식 영어, 세계에 통한다.

발음 걱정, 문법 걱정은 이제 그만.
중요한 건, 당신의 진심이다!

 북랩

차례

들어서며 _6

Part ❶
서비스 영어 몸풀기 _13

Part ❷
고객 만족을 높이는 서비스 영어 _45

Part ❸
고객 앞에서 당당해지는 영어 공부법 _85

Part ❹
서비스 영어의 품격을 높이는 비언어 커뮤니케이션 _115

Part ❺
서비스 영어를 완성하는 실전 팁 _157

마무리하며 _216

들어서며

고객님 환영합니다. 많고 많은 책 중에서 제 책을 선택해 주신 고객님께 진심으로 감사드립니다.

이 책을 읽고 계신 분들은 아마도 업무 현장에서 외국인 고객이나 파트너들과 일하고 계신 분들이거나 서비스 분야의 직종에 관심이 있는 분들일 겁니다.

저는 여러분이 고객에게 영어로 응대하는 과정에서 겪으실 수 있는 어려움을 함께 고민하고, 여러분의 서비스 영어 기술을 향상시킬 수 있는 가이드라인을 제공하기 위해 이 책을 집필하게 되었습니다.

이 책은 제가 만났던 한 영어 가이드분의 부탁으로 시작이 되었습니다.

"서비스 영어를 설명해 주는 책이 없어요. 교수님, 책 하나 써 주세요."

그분의 말씀이 계속 맴돌다가 정말 책을 쓰게 되었습니다. 이 책을 집필하면서, 제가 서비스 현장에서 같이 일하고 만나고 수업했던 많은 선후배, 동료, 제자 여러분들을 떠올렸습니다. 그리고 그분들의 질문과 고민에 대한 답변을 담아 책을 구성하게 되었습니다.

저는 환대 산업의 매력에 빠져 호텔관광경영학과에서 학사, 석사, 박사를 취득했습니다. 공부하면 할수록 매력이 넘치는 K-관광과 서비스 산업에 대한 저의 사랑은 아직도 진행 중입니다. 사랑하는 존재가 있다는 건 행복한 일인데 저의 마음은 식을 줄 모르니 참 감사한 일이죠?

대학교 2학년 때, 인턴으로 호텔 일을 처음 해보았습니다. 멋진 유니폼을 입을 것을 기대했는데, 기대와는 다르게 야외 수영장에 배치돼서 조금 심드렁했었지요. 그렇지만 반짝반짝 빛나는 호텔 시설과 전문적인 서비스 마인드를 가진 선배들 모두가 멋있어 보였습니다. 고객에게 최상의 서비스를 제공하기 위해 심혈을 기울이는 모습을 보면서, '내 커리어를 이곳에 바쳐도 되겠다'라고 생각했어요.

인턴을 마치고 나서는, 주말마다 호텔 연회장 아르바이트를 하며 호텔 서비스와 F&B에 대한 이해를 넓혔습니다. 정직원으로 호텔리어가 된 이후, 저는 서울과 호주의 메리어트 호텔에서 객실부, 총지배인실, 인사부 등에서 근무하면서 총지배인이 되는 꿈을 키웠습니다.

총지배인의 업무를 배우고 싶어서 총지배인실에서 근무했는데, 저의 주요 업무는 대부분 통번역이었습니다. 총지배인과 호텔 소유주와의 회의, 직원과의 회의, 호텔 브랜드와 국내 팀들과의 회의 등 통번역을 하지 않고 넘어가는 날이 없었죠.

어느 날, 아침부터 저녁까지 이 회의 저 회의 다니며 통역을 하다가, '아, 이럴 거면 통역사를 하지!'라는 생각이 들 지경에 이르렀어요.

마침 홍보실에 있던 동료가 "내가 통역사를 많이 봤는데, 너 통역에 재능 있는 것 같아"라는 말을 해 주었고, 그 말에 통번역대학원 시험을 보게 되었습니다. 운 좋게 합격은 했지만, 다른 학우들과 달리 별다른 준비 없이 통번역대학원에 들어가면서 눈물 나게 혹독한 훈련 과정을 겪었던 기억이 납니다.

통번역대학원 졸업 후 동시통역사로 일을 하면서 호텔리어 출신 동시통역사로서 서비스 산업과 영어 커뮤니케이션이라는 두 접점을 연결하는 일을 해왔습니다. 그 과정에서 자연스럽게 서비스 커뮤니케이션 스페셜리스트라는 새로운 타이틀도 얻게 되었어요.

지금은 한국의 매력을 더 잘 보여줄 수 있도록 외국인 고객들을 위한 서비스 의사소통 방법을 연구하고 가르치며 소통하고 있습니다.

서비스 커뮤니케이션을 연구하면 할수록 커뮤니케이션이 단지 언어 능력만을 이야기하는 것이 아니라는 점을 절감하게 되었습니다. 서비스에서 사용하는 의사소통은 단순히 언어를 이용해 상품과 서비스에 대한 정보를 제공하는 것 이상의 의미가 있기 때문이죠.

고객을 배려하는 단어 선택, 진심이 묻어나는 말과 행동, 애정 어린 눈빛이 담긴 고객 커뮤니케이션을 통해 고객의 마음을 열고 관계를 만들어갈 수 있습니다.

고객과의 관계 맺기에 초점을 두어 커뮤니케이션을 하면 여러분의 상품과 서비스가 고객에게 진심으로 와 닿게 되고, 바로 그 순간이 고객에게 멋진 경험으로 각인될 것입니다.

제가 외국인 고객들에게 보여주고 싶은 상품은 다름 아닌 KOREA입니다. 우리나라는 너무 멋진 잠재력과 자산을 가지고 있습니다. 그렇지만 안타깝게도 한국을 방문한 외국인들은 우리와의 의사소통이 힘들다고 지적합니다.

지속 가능한 관광이 발전하면서 내국인과 직접 교류하는 관광이 인기를 끌고 있지만, 외국인 방문객들이 받는 한국에 대한 인상은 대부분 서비스 제공자에게서 받게 됩니다. 따라서 제가 하는 일, 그리고 여러분이 지금 하고 계신 그 일은 우리나라의 서비스 이미지를 만들어가는 중요한 일입니다.

우리가 살아가는 AI 시대에는 번역기와 통역기가 점점 발전하고 있지만, 기계를 통해 소통하는 데는 여전히 한계가 있습니다. 그리고 무엇보다 고객과의 소통에 있어서 AI에게 주도권을 완전히 넘겨주어서는 안 되겠지요. 휴먼터치가 없는 서비스는 너무 무미건조하지 않나요?

고객과 직접 소통하며 그들의 눈을 바라보고, 자신감 있는 태도와 명확한 발음, 적절한 속도로 우리의 상품과 서비스에 대한 정보를 전달할 수 있다면, 외국인 고객은 그 순간을 아름다운 한국에서의 기억으로 간직하게 될 것입니다.

마음은 굴뚝같지만 실제로 외국인 앞에서 영어로 서비스를 제공하는 것은 결코 쉽지 않다는 것을 저도 잘 알고 있습니다. 영어 공부를 안 했던 것은 아니지만 외국인 고객 앞에만 서면 더 긴장이 되고 뭔가 실수한 것 같은 텁텁함이 남는 경우도 있거든요.

이 책은 우리가 서비스 영어 커뮤니케이션에 대해 가지고 있었던 궁금증과 오해에 대해 답을 하는 것으로 시작합니다.

먼저 우리가 영어를 어려워하는 이유는 무엇이고, 어떻게 하면 서비스 영어를 잘할 수 있는지에 대해서 이야기 나눠볼게요. 서비스 영어 능력 향상을 위한 스피킹, 리스닝 공부 꿀 팁도 함께 공유합니다. 그리고 서비스 영어의 품격을 살려줄 핵심 표현들도 살펴보도록 하겠습니다. 여러분이 서비스 영어와 영어 전반에 가지고 있었던 오해와 고민을 이 책을 통해 함께 풀어봅시다.

이 책이 미약하나마 서비스 영어 커뮤니케이션 발전의 길잡이가 되기를 소망하면서 시작해 보겠습니다.

그럼 저와 함께 고객 앞에서 아름답고 당당하며 품위 있게 영어로 대화하는 기술을 함께 배워보도록 하지요. 준비되셨나요?

자, 고객님, 함께 가시죠!

Part ❶

서비스 영어 몸풀기

떨린다,
외국인 고객 응대

　우리는 고객 앞에서 긴장을 합니다. 이는 너무나도 자연스러운 현상이에요.

　저도 처음 호텔에 입사했을 때, '전화벨이 세 번 울리기 전에 응대하라'는 서비스 스탠다드가 너무 두려웠던 기억이 납니다. 고객이 눈앞에서 컴플레인을 하고 있어도 울리는 전화를 받아야 한다는 압박감은 정말 컸습니다.

　생각해 보면, 고객도 결국 사람일 뿐인데, 왜 그렇게 긴장했는지 모르겠습니다. 고객 앞에 서는 순간은 마치 무대 위의 배우가 된 것 같은 기분이 들기 때문이 아닐까 싶습니다. 고객 서비스를 제공하는 사람들은 무대 뒤에서는 분주하게 뛰어다닐지라도, 막상 고객 앞에 나설 때만큼은 우아하고 완벽한 모습을 보여야 한다는 부담감이 있습니다.

저는 서비스에 대해 공부하면 할수록, 고객에게 편안한 서비스를 제공하는 것은 단순한 업무를 넘어, 순간의 예술이라고 느끼게 되었습니다. 서비스를 받기 위해 방문한 고객에게 기분 좋은 경험을 선사하는 것은 결코 쉬운 일이 아니며, 그래서 더욱 의미 있는 일이라고 생각합니다.

고객을 직접적으로 응대하는 서비스 직종이 아니더라도, 외국인 파트너들과 소통하는 일 역시 긴장의 연속이기는 마찬가지입니다.

기업 상품의 해외 진출을 준비하시는 분들을 대상으로 바이어 미팅 교육을 진행했을 때 "선생님, 이렇게 말해도 맞는 건가요?", "이렇게 행동해도 괜찮은가요?"와 같은 다양한 질문이 쏟아졌던 적이 있습니다. 이런 질문들을 응대하면서 현업에 계신 분들이 영어에 대한 고민이 정말 많다는 것을 다시 한번 확인할 수 있었습니다.

한국어로 응대하는 것도 쉽지 않은데, 영어로 소통하는 것은 두 배, 세 배 더 어려울 수밖에 없습니다. 그럴 때 우리는 심리적 압박을 받게 되죠. 긴장되는(nervous) 것은 기본이고, 잘해야 한다는 압박감(under pressure)을 느끼게 됩니다. 그러나 결국 우리가 고객 앞에서 영어를 사용할 때 느끼는 가장 공통적인 감정은 위축되는(intimidated) 상대가 아닐까 싶습니다.

한국어를 모국어로 사용하는 우리는 영어 앞에서 유독 작아지곤 합니다. 어순도 완전히 반대이고, 문화적 차이도 큰 영어를 사용해 고객의 마음을 얻어야 한다는 것은 분명 쉽지 않은 과제입니다.

영어로 고객을 응대하는 것은 단순히 언어적 기술을 넘어, 문화적 이해와 심리적 자신감이 함께 요구되는 일입니다. 하지만 작은 변화와 꾸준한 연습을 통해 영어에 대한 자신감을 쌓아간다면 고객과의 소통이 점차 수월해지실 겁니다.

그럼 이제, 영어 응대의 핵심을 함께 알아보며 서비스 영어로 한 걸음씩 나아가 보도록 하겠습니다.

우리는 왜
영어가 두려울까?

　서비스 영어에 대해 본격적으로 이야기를 하기에 앞서, 영어를 대하는 우리의 자세 먼저 점검해 보도록 봅시다.

　우리는 솔직히 영어로 말하는 것이 두렵습니다. 한국어를 모국어로 사용하는 우리에게 영어는 단순한 외국어를 넘어, 문화적, 심리적 장벽으로 다가오곤 합니다. 익숙하지 않은 어순과 발음, 우리와 다른 문화적 맥락에서 소통해야 한다는 부담감이 두려움을 더욱 키우는 요인이 됩니다.

　우선, 영어는 구조와 사고방식이 한국어와 크게 다릅니다. 영어는 어순이 다를 뿐만 아니라, 직설적이고 간결한 표현이 많아 우리에게 익숙하지 않은 방식으로 사고하도록 요구합니다. 이러한 차이는 영어로 말하기 전에 '이게 맞는 표현일까?'라는 고민을 하게 만들고, 주저하거나 망설이게 되는 원인이 되죠.

여러분이 중학교 때 자주 들었던 3형식 문장 구조 기억나시나요? 영어는 주어-동사-목적어(SVO)의 어순을 따르며, 중요한 정보를 문장의 앞부분에 배치합니다. 반면, 한국어는 주어-목적어-동사(SOV)의 어순을 사용하며, 동사가 문장의 끝에 위치하는 경우가 일반적입니다. 그리고 주어를 빼고 말하는 경우도 허다하죠.

이러한 구조적 차이 때문에, 한국식으로 구구절절 설명하다 보면 외국인 고객이 "So what?"이라고 되묻는 경우도 종종 생기곤 합니다.

무엇보다 영어가 어려운 이유는 우리의 기준이 높기 때문이기도 합니다. 한국 사람들은 저를 포함해서 다른 언어에 비해 영어를 사용할 때 유독 스스로 정한 기준에 부합해야 한다는 압박감을 느끼곤 합니다.

발음은 정확해야 하고, 문법적으로 틀림없어야 한다는 부담감이 실제 대화에서 자신감을 크게 떨어뜨리는 원인이 됩니다. 더 나아가, 영어를 잘하지 못하면 자신이 부족해 보일까 두려워하며 스스로를 더 위축시키는 경우도 많습니다.

이런 심리적 위축으로 인해 영어를 쓰기도 전에 실수에 대한 각종 사전 고민들이 자리를 잡습니다. '못 알아들으면 어쩌지?', '내 영어가 어색하게 들리진 않을까?' 같은 걱정은 우리를 더욱 긴장하게 만들죠.

그러나 실수는 영어를 배우고 소통을 개선하는 과정에서 필연적으로 발생하는 자연스러운 과정일 뿐입니다. 고객은 우리가 전하는 메시지의 완벽성보다는, 진심 어린 태도와 성의 있는 노력을 더 중요하게 여긴다는 점을 항상 기억해야 합니다.

우리가 요가를 배울 때 처음부터 자세를 완벽하게 구현하기를 기대하지 않듯이, 영어를 배울 때나 사용할 때도 스스로에게 너그러운 마음을 가져야 합니다.

영어는 단지 외국어일 뿐입니다. 그 이상도, 그 이하도 아닙니다.

온 국민이 애증하는
영어라는 "님"

우리가 영어를 두려워하는 것은 하루이틀의 일이 아닙니다. 저도 통역사를 처음 시작할 때 어렸을 때 외국에서 살다 온 동료들을 많이도 부러워했습니다. 그래도 참 감사한 건, 영어 교육에 진심이었던 아버지께서 어렸을 때부터 영어에 노출을 시켜주려고 애를 쓰셨던 덕분에 영어와 비교적 어린 나이부터 친해질 수 있었습니다.

그럼에도 불구하고 영어를 통역사 수준으로 끌어올리는 것은 엄청난 노력을 필요로 하는 작업이었는데요. 제가 40대 중반이 될 때까지 영어 공부를 거의 하루도 빼놓지 않고 해왔는데, 이제서야 비로소 '아, 너를 좀 알 것 같아'라는 생각이 듭니다.

우리나라 국민들은 영어가 편치 않습니다. 이건 역사적으로도 그럴 수밖에 없는 것이, 우리나라는 20세기 이후 급작스럽게 세계 무대에 진출하여 생존을 위해 영어를 사용해야 했습니다. 영어는 글로벌 경제와 외교의 중심이기 때문에 영어를 잘해야만 성공할 수 있다는 매우 부담스러운 공식이 성립되었죠.

영어가 우리나라에 처음 도입되었던 시기는 사실 얼마 되지 않았을뿐더러 영어가 도입되었던 과정도 매우 부담스러웠죠. 조선 시대에 고종 황제가 직접 영어 교육기관을 설립하고, 영어 시험 감독까지 했다는 사실 알고 계신가요?[1] 이는 곧 조선 시대부터 영어가 출세의 언어였다는 것을 의미합니다.

왕 앞에서 영어 시험을 본다고 생각해 보세요. 얼마나 무서웠겠습니까? 그러니 우리나라 사람들은 조선 시대부터 영어가 권력이고 성공의 도구라고 생각하게 된 것이고, 영어를 단순한 언어로 보기보다는 일종의 '아우라'를 지닌 존재로 여기게 된 것이죠. 이렇게 영어와 우리 국민들 사이에 애증 관계가 성립된 것입니다.

영어를 잘해야 성공한다고 하니 학교에서도 학원에서도 모두 영어를 강조했습니다. 사회에서는 영어를 못하면 뭔가 큰 결점이 있는 것처럼 생각하기도 하지요. 따라서 우리는 영어 시험을 통해 우리의 실력을 증명해 내야 했습니다. 원어민들이 사용하는 영어를 보며, 그들의 영어를 기준으로 삼고 발음이나 표현의 완벽성에 지

---

[1] 『한국인과 영어』. 다큐멘터리 시리즈, EBS.

나치게 신경 쓰게 되었죠.

요즘 저희 집 틴에이저와 함께 K-pop 서바이벌 쇼를 보고 있는데요. 그 가수들이 칼각 댄스를 완벽하게 소화하기 위해 연습에 연습을 거듭하는 모습을 보면서, 우리는 정말 완벽하지 않은 모습을 용납하지 못하는 국민인가 하는 생각이 들기도 하네요.

이렇게 완벽을 추구하는 우리 민족은 그 어떤 것보다도 영어에서만큼은 더더욱 허점을 보여서는 안 된다는 정신이 깊이 뿌리박혀 있는 것 같습니다. 하지만 친구를 사귈 때도 약간의 빈틈이 있어야 친해질 수 있듯이, 영어라는 친구와도 조금의 여유와 빈틈을 허용해야 더 가까워질 수 있습니다.

제가 존경하는 사촌 형부의 이야기를 해드릴게요.

형부는 오랫동안 증권맨으로 일하시다가 은퇴 후 고향으로 내려가셨습니다. 농사를 지으면서도 좋아하는 영어를 매일매일 꾸준히 공부하셨다고 해요.

형부는 토종 충청도 분이라 한국어든 영어든 비교적 느리게 말씀하시는 편입니다. (물론 모든 충청도 분들이 말이 느리다는 건 절대 아닙니다. 다만 형부는 충청도 특유의 말 특징을 가지고 있다는 뜻이니 오해하지 마세요)

독학으로 오랜 시간 영어를 공부하셔서 단어나 표현은 많이 알고 계시지만, 발음이나 유창성은 뛰어난 편은 아닙니다. 그런데 형부께서 평창 동계올림픽에서 통역 자원봉사를 하셨다는 이야기를 듣고 깜짝 놀랐습니다.

어떻게 가능했냐고 여쭤보니, "자리가 있어서 지원했을 뿐"이라며 쿨하게 답하시더군요. 젊은 친구들이 '이 아저씨 뭐지?' 하는 눈빛으로 쳐다보며 무시하는 듯한 태도를 보여도, 형부는 전혀 개의치 않으셨다고 해요. '나는 내가 좋아하는 영어로 일하겠다'라는 마음으로 성실하게 임하셨고, 결국 가장 많은 인정과 신뢰를 받으셨다는 훈훈한 이야기를 전해주셨습니다.

이 이야기를 들으며 다시금 깨달았습니다. 결국 영어는 너무 잘하려고 하거나, 두려워하기보다는 적절한 애정을 가지고 다가설 때 빛을 발한다는 사실을요.

영어 고객 서비스는
피할 수 없는 흐름

요즘 주변을 둘러보면 한국인 사이에서 외국인을 쉽게 찾아볼 수 있지요. 특히 명동에 나가보면 여기가 서울인지 해외 도시인지 헷갈릴 정도입니다. 화장품 매장에서는 외국인들이 한국인보다 더 많아 보이기도 합니다.

이제 한국은 더 이상 한국인만의 나라가 아닌 것 같습니다. 우리가 생각하는 것보다 훨씬 많은 외국인이 한국을 방문하고 거주하고 있습니다.

2023년 12월 기준으로 대한민국에 체류 중인 외국인은 251만 명이었다고 해요.[2] 우리나라 전체 인구를 약 5천만 명으로 봤을 때 5%에 해당하는 셈이죠. 여기에 외래 관광객 약 1,100만 명을

---

[2] 연합뉴스. (2024.01.16). "국내 외국인 251만명… 전체 인구 4.9%로 '다문화사회' 목전". https://www.yna.co.kr/view/AKR20240116058800371

합치면 약 1,350만 명이 되는데요.³⁾ 이는 경기도 인구인 약 1,360만 명에 맞먹는 수준입니다.

점점 확대되고 있는 외국인 시장은 포화된 내국인 시장과 달리 빠르게 성장하고 있습니다. 따라서 앞으로 외국인 시장은 계속 확대될 전망인데요. 이를 반영하듯 외국인을 위한 온라인 및 오프라인 서비스도 점점 활성화되고 있습니다.

우리나라를 방문하는 외국인 방문객의 국적을 살펴보면 60%가 아시아에서 오시는 분들입니다.⁴⁾ 아시아 주요 국가에서는 신용카드보다 QR 결제가 보편화되어 있죠. 이에 따라 한국에서도 외국인을 대상으로 한 QR 페이와 핀테크 분야의 성장도 두드러지고 있습니다.

그 외에도 한국에 체류 중인 외국인을 대상으로 한 음식 배달, 월세 찾기, 일자리, 중장기 숙박 서비스 등의 다양한 앱 서비스가 인기를 끌고 있습니다. 영어로 제공되는 오프라인 외국인 서비스도 확대되면서 외국인들의 생활 반경이 점차 확대되고 있습니다. 최근에는 영어 도슨트 서비스를 제공하는 기관도 점차 늘어나서

---

3) 국제문화홍보정책실. (2024.01.31). "지난해 방한 외국인 관광객 1100만명… 일본 232만명 최다". https://www.kocis.go.kr/koreanet/view.do?seq=1047444
4) 파이낸셜뉴스. (2024.09.01). "상반기 방한 관광객, 코로나 이전 뛰어넘었다… 아시아 방문객이 61.5%". https://www.fnnews.com/news/202409011258186619

영어 도슨트 수업 의뢰도 들어오고 있습니다.

늘어나는 외국인을 대상으로 한 서비스 시장은 앞으로도 꾸준히 성장할 전망이지만, 아직은 내국인과 외국인이 이용할 수 있는 정보와 서비스의 비대칭이 상당한 수준입니다.

2025년 2천만 명 외래관광객 유치를 기원하면서 문화체육관광부에서 새로운 관광 트렌드를 정의하였는데요. 그 트렌드의 이름은 S.P.E.C.T.R.U.M입니다.[5] 이름처럼 다양한 분야에 걸쳐 외국인들을 위한 서비스를 제공하겠다는 의지를 볼 수 있어요.

외국인의 유입 증가 트렌드로 미루어보아 영어로 고객을 응대할 수 있는 여러분 같은 인재에 대한 수요도 앞으로 더욱 증가할 것으로 보입니다.

이제 영어 고객 서비스는 단순한 트렌드를 넘어, 피할 수 없는 흐름이 되어가고 있습니다.

---

5) 이데일리. (2025.01.24). "2025년 관광 트렌드는 'S.P.E.C.T.R.U.M.'". https://www.edaily.co.kr/News/Read?newsId=01144726642041000&mediaCodeNo=257

영어를 잘하면 승진할 수 있을까요?
YES!

제가 호텔에서 일하면서 가졌던 여러 가지 궁금증 중 하나가 있습니다.

'영어를 잘하면 정말 승진에 유리할까?'

이 호기심을 간직하다가 박사 과정에 들어가서 수백 명의 호텔 직원들의 영어 실력과 승진 여부를 분석해 보았습니다.[6]

결과를 보니 영어를 잘하는 분들이 매니저나 간부급으로 올라가는 경우가 확실히 많았습니다. 물론 영어만 잘해서 승진하는 건

---

6) Katie Bokyun Kim, Young-joo Ahn, & Hong-bumm Kim. (2023). "Core English Skills Affecting Korean Hoteliers' Perceived Language Proficiency". *International Journal of Tourism and Hospitality Research*, 37(4), 51-68. https://doi.org/10.21298/IJTHR.2023.4.37.4.51.

아니겠지만, 매니저 이상의 자리로 올라가기 위해 영어 실력이 중요한 요건이라는 건 부정할 수 없는 사실이었습니다.

그도 그럴 것이, 영어는 이제 단순히 의사소통을 위한 도구가 아니라, 글로벌 환경에서 리더십을 발휘할 수 있는 역량을 보여주는 척도가 되었기 때문입니다. 특히 호텔이나 리테일, 환대 산업처럼 전 세계 고객을 대상으로 하는 산업에서는 영어 능력이 취업과 연관이 되고 업무 능력의 기본 자질로 여겨집니다.

매니저가 되기 위해서는 고객과의 소통뿐만 아니라 직원들과의 원활한 협업, 외국인 고객과의 협상, 해외 본사나 파트너와의 보고와 같은 다양한 상황에서 능숙하게 영어를 사용할 수 있어야 하죠.

제가 연구한 데이터를 통해서도 영어 실력은 단순한 스킬을 넘어, 커리어 발전의 자산으로 작용하고 있음을 확인할 수 있었습니다. 영어를 잘하는 직원들은 승진 기회를 더 많이 얻는 것뿐만 아니라, 자신이 하는 일에 더 높은 만족감을 느끼는 경향이 있었습니다.[7]

업무에 만족한다는 건 곧 조직 내에서 신뢰받는 리더로 성장할 가능성이 높아진다는 뜻이기도 하죠. 물론 영어 능력이 전부는

---

[7] 김보균, 이효성 & 김홍범. (2020). 「호텔 직원의 영어 능력에 따른 직무만족 차이 분석」. 『관광레저연구』, 32(1), 217-236.

아니지만, 서비스 현장에서 매니저가 되기 위해서는 고객의 뉘앙스를 읽을 수 있는 정도의 영어 능력이 요구됩니다. 고객 컴플레인이 발생했을 때 일선 직원들이 해결하지 못할 경우 구원투수로 등장하는 사람들이 매니저 이상의 직군이기 때문이죠. 이럴 때 영어로 자신감 있게 소통할 수 있는 능력은 높은 평가를 받는 중요한 포인트가 됩니다.

결국 영어는 단순한 언어 스킬이 아니라, 경력을 확장하고 리더로서의 가능성을 증명하는 데 없어서는 안 될 도구입니다. 커리어 발전을 위해 영어는 선택이 아닌 필수입니다. 그리고 그 필수 조건을 충족했을 때, 더 큰 가능성과 기회가 열리게 되는 건 확실합니다.

나의 영어는
왜 항상 제자리일까?

제가 수업을 할 때마다 자주 듣는 질문이 있습니다.

"교수님, 제 영어는 왜 이렇게 늘지 않는 걸까요?"

이 질문을 받을 때마다 안타까운 마음이 듭니다. 왜냐하면 그 이유 중 하나가 연습 부족일 확률이 크기 때문입니다.

영어는 언어입니다. 언어는 매일 꾸준히 사용하고 반복적으로 연습하지 않으면 실력을 향상시키기가 매우 어렵습니다. 열심히 몇 달 공부하고 별 진전이 없는 것 같아 한 달 쉬면 또 도루묵이 되어버리는 것이 야속한 영어라는 언어입니다.

제가 자랑스럽게 생각하는 점이 한 가지 있습니다. 그건 비가 오건 눈이 오건 매일 꾸준하게 영어 공부를 해 왔다는 점입니다.

저의 영어 공부 습관은 아버지에게서 물려받은 것인데요. 외국계 호텔에서 근무하셨던 아버지는 매일 AFKN 프로그램을 틀어 놓고 리스닝 공부를 하셨고, 시간이 날 때마다 사전을 외우셨어요. 나중에 통역대학원에 들어가서 사전을 외워 시험을 보던 순간, 아버지 생각이 참 많이 나더군요.

어렸을 때는 영어로 말하라고 다그치시던 아버지가 좀 유별나 보이기도 했는데, 대학교에서 만난 한 원어민 교수님께서 "너 아버지께 평생 감사해야 한다"라고 했던 말이 이제야 깊이 와닿습니다. 영어 공부에 있어 타협하지 않고 매일 꾸준히 하셨던 아버지의 모습을 본받아, 저 역시 매일 연습하며 영어와의 끈을 놓지 않고 있습니다.

제가 좋아하는 책 중 여러분도 잘 아시는 『아주 작은 습관의 힘』이라는 책이 있습니다. 이 책은 제 책장에 두고 꾸준한 원동력이 필요할 때마다 다시 읽곤 합니다. 저자는 자신을 한 번에 대단한 일을 해낸 사람이 아니라고 소개하며, 오히려 매일 조금씩 습관을 변화시키는 꾸준함이 큰 성취로 이어진다고 강조합니다.[8]

영어는 언어이자 기술입니다. 따라서 매일 꾸준히 사용하고 반

---

8) 제임스 클리어. (2019). 『아주 작은 습관의 힘: 최고의 변화는 어떻게 만들어지는가』. 비즈니스북스.

복적으로 연습하지 않으면 실력을 향상시키기 어렵습니다. 하지만 단순히 "열심히 하세요"라는 말은 너무 막연하게 들립니다. 그래서 저는 먼저 명확한 목적의식을 가지라고 조언드리고 싶습니다. 내가 영어를 왜 잘하고 싶은지, 그 이유와 목표를 구체적으로 설정하는 것이 중요합니다. 목표가 분명하면, 영어 학습의 방향과 동기가 자연스럽게 생기기 때문입니다.

여러분은 어떤 목표를 가지고 계신가요? 스몰토크를 자유롭게 구사하고 싶으신가요? 제가 현장에서 수업하면서 만났던 한 베테랑 벨맨 선배님이 "저는 스몰토크가 너무 어려워요. 고객 앞에 서면 갑자기 빠른 질문이 나올까 봐 아직도 겁이 나요"라고 하셨던 말이 기억나네요.

이렇듯 스몰토크를 잘하고 싶은 분도 계실 테고 또 어떤 분들은 고객 앞에서 유창하게 영어로 자신의 상품을 설명하는 것을 목표로 삼는 분들도 계실 겁니다.

여러분의 목표가 무엇이든 간에 무턱대고 영어 공부를 하려고 생각하기보다는 나의 영어 목표가 무엇인지 잠시 생각해 보는 시간을 가져보시면 좋을 것 같아요.

목표를 설정하는 것이 중요한 이유는 우리의 시간과 에너지는 한정되어 있기 때문이에요. 과도하게 큰 목표를 세운다 한들 우리는 다 성취할 수 없습니다. 특히 업무를 하면서 영어 공부를 하는 건 절대 쉽지 않은 일이거든요.

제가 20대 때 한국 관광의 판도를 바꾸는 사람이 되겠다는 원대하고도 무모한 꿈을 가진 적이 있더랍니다. 호텔에 5시에 출근해서 오전조로 근무를 하고, 퇴근해서는 대학원에 가서 수업을 들으면서 교수님들께 죄송할 정도로 맨 앞줄에서 졸았던 기억이 있어요. 오전 근무를 마치고 같이 수업을 듣던 저의 동료와 쌍으로 졸곤 해서 두 배로 죄송하고 민망한 기억이 있습니다. 집에 돌아와서는 새벽까지 논문을 쓰느라 심신도 지치고 번아웃도 왔었죠. 그때 이후로 역시 사람은 자신이 가진 능력을 과도하게 쓰면 안 된다는 생각을 되뇌고 있습니다.

과도한 목표를 설정해서 성취하지도 못하고 실망하며 원점으로 돌아가는 것보다 내가 실행할 수 있는 작은 영어의 목표를 설정하는 게 백번 나은 것 같습니다.

내가 이루고자 하는 영어의 목표를 세우시고 그 목표를 이룰 수 있도록 매일 조금씩 나아가 봅시다. 그 작은 발걸음이 쌓이면 여러분이 가지고 있는 영어의 목표로 한 걸음 크게 다가갈 수 있을 것입니다.

영어에 대한 기대치가
너무 높아요!

영어는 해도 해도 부족한 마음이 듭니다. 특히, 외국인 앞에만 서면 왠지 작아지는 기분이 드는 건 왜일까요?

아마도 영어에 대해서는 다른 언어와 달리 유독 틀려서는 안 된다는 가혹한 기준을 스스로에게 적용하기 때문이 아닐까 싶습니다. 다른 나라 언어를 배울 때는 실수를 해도 대수롭지 않게 넘어갈 수 있는데, 영어 문법 실수를 하면 마치 큰일이라도 난 것처럼 생각하곤 하죠.

제가 수업을 할 때 학우분들께 항상 이렇게 사전 경고(?)를 드립니다. "집요하게 따지고 드는 문법 질문은 하지 마세요~"라고요.

이유는 간단합니다. 솔직히 저 역시 그런 문법 질문에 대한 모든 답을 다 가지고 있지도 못할 뿐만 아니라, 구문 연구를 하는 게 아니고서야 현실적으로 이런 질문들이 영어 능력 향상에 도움이 되지 않기 때문입니다.

'이게 맞나? 저게 맞나?'를 생각하기 전에 그냥 뱉어야 하는데 문법적으로 맞고 틀리고를 따지다 보면 발화할 기회를 놓쳐 버리게 되기 때문이에요.

우리가 한국어 원어민으로서 한국어를 배운 과정을 떠올려 보면, 틀리는 것에 대한 두려움 없이 반복을 통해 자연스럽게 언어를 익혀왔습니다.

물론 성인이 외국어를 배우는 과정이 모국어를 습득하는 과정과 같을 수는 없죠. 그럼에도 불구하고 영어라는 외국어를 빨리 배우고 싶다면 많이 써 보고, 많이 실수해 보는 것이 중요합니다. 따라서, 앞으로 우리의 영어 학습 자세는 '영어를 어떻게 하면 많이 틀려서 빨리 배울까'가 되어야 합니다.

제가 외국인 교수님들과 영어 교안을 제작해 보면 그분들도 문법 실수를 많이 하십니다. 사실, 이는 너무나 당연한 일입니다. 여러분이 한국어로 말을 할 때 얼마나 많은 문법 실수를 하는지 생각해 보신 적 있으신가요?

저는 직업상 제가 했던 통역을 간혹 스크립트로 만들어야 하는 경우가 있는데, 제 한국어를 듣고 있노라면 가끔 '아… 내 한국어가 이 정도밖에 안 되나?'라는 생각이 들기도 합니다. 한국어는 틀리는지도 모르면서 사용하는데, 영어는 절대 틀리지 않으려는 마음은 영어 학습에 전혀 도움이 되지 않습니다.

만약 여러분의 영어 목표가 '실수를 하지 않는 것'이라면, 서비스 영어를 구사하는 데 있어서 심리적 제약을 크게 겪을 수밖에 없습니다.

'나는 원어민처럼 말할 수 있을 때까지 입을 열지 않겠다'라는 생각을 가진다면, 외국인 고객 앞에서 유창하고 당당하게 영어를 구사할 수 있는 날은 점점 멀어질 뿐이랍니다.

내가 하는 영어는 콩글리시다, 어쩔래?

저는 '콩글리시'라는 말을 은근히 좋아합니다. 한국어 원어민이 영어를 배우는 과정에서 한국 문화를 반영해 탄생한 아름다운 영어가 바로 콩글리시 아니겠습니까?

우리가 사용하는 한국식 영어를 조금 더 고급스럽게 포장해서 불러보면, '콩글리시' 대신 '글로벌 영어'라고 부를 수도 있겠죠.

사실 전 세계 어디를 가도 로컬화된 영어는 존재합니다. 따라서 콩글리시를 쓴다고 해서 큰 문제가 되는 것은 아닙니다. 서비스 영어 현장에서도 마찬가지입니다. 한국식 영어라도 고객에게 상품과 서비스를 명확히 전달할 수 있으면 그걸로 충분합니다.

한 통계에 따르면, 전 세계 약 80억 명의 인구 중 약 15억 명이 영어를 구사하는 것으로 조사되었는데요. 그중 영어를 모국어로 사용하는 원어민은 약 4억 명에 불과하다고 합니다.[9] 이는 전체 영어 사용자 중 원어민 비율이 약 26%에 그친다는 이야기입니다. 그러니 여러분이 현장에서 만나는 외국인의 대다수는 원어민이 아닌 경우가 훨씬 많을 수밖에 없겠죠.

제가 서비스 업무를 하시는 분들을 대상으로 수업을 진행할 때 한 장의 사진을 보여드리곤 합니다. 사진에는 겉모습만으로는 원어민이라고 생각할 수 있는 사람들과 한국인 또는 동양인처럼 보이는 사람들이 섞여 있습니다.

---

9) Wikipedia, "List of Languages by Total Number of Speakers", https://en.wikipedia.org/wiki/List_of_languages_by_total_number_of_speakers

이 사진을 보여주면서 "여기서 누가 원어민일까요?"라고 질문을 드리면, 아직도 많은 분들이 백인을 원어민이라고 지목하시곤 합니다. 하지만 현실에서는 백인이 영어 원어민이 아닐 수도 있고, 한국인이나 아시아인처럼 보이는 사람이 원어민일 수 있습니다.

제가 이 사진을 보여드리는 이유는 우리가 인종과 영어에 대해 가지고 있는 고정관념을 깨기 위해서입니다. '이렇게 생긴 사람들이 영어를 더 잘할 것이다'라는 인식을 바꾸려는 것이죠. 또한, 영어가 특정 인종의 전유물이 아니라는 사실을 보여드리기 위해서이기도 합니다.

이제는 세계 어디를 가도 다양한 지역 출신의 사람들이 자신만의 영어 스타일로 의사소통을 하는 모습을 쉽게 볼 수 있습니다.

OECD에서 주최한 국제회의에서 동시통역을 제공한 적이 있습니다. 그 회의에서는 수십 개 국가에서 오신 참석자들이 모두 영어로 소통했습니다. 그런데 그분들이 사용하는 영어의 말투가 너무나 다양해서, '이것이 정말 영어란 말인가?' 싶을 정도로 다채롭더군요.

최근 한 중국어 통역사 선생님께서 말씀하시길 중국의 고위 공무원들조차 통역사 없이 영어로 직접 소통하는 경우가 많아지고 있다고 해요. 이런 분들은 중국식 영어로 외교 업무를 하시는 겁니다.

우리도 한국식 영어를 씁니다. 그리고 그 영어는 글로벌 영어입니다.

영어가 주류 언어가 된 글로벌 환경에 사는 우리는 영어를 계속 배워야 합니다. 이왕 영어를 배워야 한다면, 영어를 배우는 우리의 자세를 재정비할 필요가 있습니다. 영어는 원어민의 전유물이 아니라, 글로벌 시민 모두가 사용하는 공통 언어입니다.

세상에는 원어민보다 비영어권 영어 구사자가 훨씬 많다는 사실을 당당히 받아들이고 우리 스타일의 영어를 열심히 익혀봅시다.

자신감이 충만한 자,
이미 절반은 성공

　통역사로, 그리고 서비스 커뮤니케이션 전문가로 일하면서 정말 많은 고객들을 만났습니다. 어떤 분들은 오래 뵈어도 영어 실력이 크게 늘지 않는 경우가 있는 반면, 같은 시간을 투입해도 눈에 띄게 일취월장하시는 분들도 계셨어요. 그렇다면 이 차이는 무엇에서 비롯되는 걸까요?

　제가 생각할 때 두 가지 정도 요인이 있는 것 같습니다. 첫 번째는 타고난 언어 감각입니다. 솔직히 말해, 이 부분은 무시할 수 없습니다. 선천적으로 언어에 예민한 기질을 가진 분들은 영어를 배우는 데 있어 상대적으로 쉽게 소화해 내는 경향이 있습니다.

　하지만 그런 분들은 사실 많지 않습니다. 결국 영어 실력에서 큰 차이를 만들어내는 사람들은 과감한 자신감의 소유자들입니다. 틀리는 것을 두려워하지 않는 분들이죠.

반면, 영어 실력이 잘 늘지 않는 분들은 소심한 성격을 가졌거나 교육 수준이 높은 경우가 많습니다. 자신의 약점을 드러내고 싶어 하지 않는 분들은 실력이 조금 좋아졌다가 다시 떨어지는 과정을 반복하며 발전이 더딘 경우가 많습니다. 그래서 영어에서 가장 중요한 것은 고객에게, 혹은 영어를 사용하는 상대방에게 무조건 써보는 배짱이라고 자신 있게 말씀드리고 싶습니다.

통역을 하면서 알게 된 한 지방 공무원이 계십니다. 50대 초반의 여성분인데요. 처음 뵈었을 때는 영어를 거의 하지 못하셨어요. 그런데 다음 해에 다시 만났을 때, 자그마한 수첩을 들고 오셨더군요. 그리고 외국인 연사에게 다가가 통역사 없이 수첩에 적어둔 문장을 또박또박 읽으며 대화를 시도하는 모습에 깊은 감명을 받았습니다. 불과 1년 만에 이루어낸 놀라운 변화였습니다.

솔직히 그분의 발음은 전형적인 영어 발음과는 거리가 멀었고, 매우 한국적이었습니다. 하지만 그분과 대화를 나누던 유럽 전문가는 커뮤니케이션에 전혀 어려움을 느끼지 않는 듯했습니다. 한국식 영어 발음으로 해야 할 말을 또박또박 명확하게 전달하였기에 상대방도 더욱 집중해서 들으려고 노력하더군요.

외국인과 직접 이야기할 때 혹시라도 못 알아들을까 걱정하거나, 자신의 영어가 이상하게 들릴까 주저할 수도 있었을 텐데, 그런 두려움을 내려놓고 준비한 영어로 당당하게 소통하는 모습이 정말 인상적이었습니다.

1년 만에 외국인 연사 앞에서 자신이 하고 싶은 말을 전하는 것은 결코 쉬운 일이 아닙니다. 저는 그분이 1년 동안 얼마나 많은 연습을 하셨는지 충분히 상상이 됩니다.

만약 이분이 영어를 유창하게 보이려 웅얼거리거나 빠르게 말하려 했다면 오히려 의사소통이 어려웠을지도 모릅니다.

이분의 성공 요인은 단연코 연습에서 나온 자신감이었습니다. '내가 한국 사람인데 이 정도면 충분히 잘하는 거지'라는 긍정적인 마인드도 엿볼 수 있었어요. 이분은 여기서 그치지 않고 그로부터 1년 후, 외국에서 영어로 발표까지 해내셨습니다.

영어를 잘하려면 결국 부딪혀 보고, 마구 망가져야 합니다. 깊이 숨을 들이마시고, 망가질 준비를 해봅시다.

Part 2

고객 만족을 높이는 서비스 영어

서비스 영어,
기본부터 잡고 가자!

고객에게 상품과 서비스에 대한 정보를 전달하기 위해 사용하는 영어를 흔히 '서비스 영어'라고 합니다.

서비스 영어의 특징을 세 가지로 정리하자면 공손성, 명확성, 고객 중심이라고 할 수 있습니다. 고객을 존중하는 공손한 표현을 사용하면서도, 고객의 편의를 위해 명확하고 쉬운 영어를 구사하는 것이 핵심이죠.

서비스 영어를 잘하기 위해 가장 먼저 해야 할 일은 고객의 눈높이에 맞추는 연습입니다. 우리가 친구와 이야기할 때와 교수님이나 직장 상사와 대화할 때 말투가 달라지듯, 고객과 소통할 때도 고객이 편하게 느낄 수 있는 방식을 찾아야 합니다.

어조, 목소리의 크기, 속도, 높이 역시 고객이 자연스럽고 편안하게 받아들일 수 있도록 조절하는 것이 중요합니다. 어조는 말하는 사람의 태도나 느낌을 드러내기 때문에, 더욱 신경 써주어야 하는 부분이에요.

여러분이 서비스를 제공하는 대상이 어린이 고객이라면 어떻게 대화해야 할까요? 어린이 고객의 연령대에 따라서 응대하는 방법도 달라져야 하겠죠.

어린이 고객을 대상으로 서비스를 제공할 때는 크고 또박또박, 경쾌한 목소리로 말하는 것이 효과적입니다. 물론 말하는 톤도 평소보다 높아질 수밖에 없겠죠.

　반면, 어르신 고객에게 서비스를 제공할 때는 속도를 빠르게 진행하기보다 천천히, 또렷하게 전달해 편하게 들으실 수 있도록 해야 합니다.

　두 경우 모두 목소리를 키울 필요는 있지만, 두 그룹의 고객에게 같은 목소리의 톤과 속도로 서비스를 제공할 수는 없습니다.

　서비스 영어는 본질적으로 고객을 위한 언어입니다. 따라서 우리가 서비스 영어를 할 때는 고객을 중심에 두고 그분들의 상황, 연령대, 관심 사항 등을 고려하여 맞춤형 서비스를 제공해야 합니다. 고객이 커뮤니케이션의 중심에 계실 때 여러분의 서비스 영어도 빛을 발하게 된답니다.

　이쯤에서 어쩔 수 없이 등장하는 라떼 타임. 자랑하려는 것이 아니라, 제가 호텔에 있을 때 감사하게도 고객들에게 땡큐 레터를 많이 받았습니다. 지금 돌아보면 저는 제가 응대했던 고객들을 정말로 아끼는 마음으로 대했던 것 같습니다.

한 번은 저희 호텔을 오랫동안 이용하셨던 여성 고객께서 미국에 있는 꼬마 아드님이 저를 보고 싶어 한다고 해서 갑자기 국제 전화로 꼬마와 통화를 한 적도 있었네요.

여러분들이 서비스 영어를 할 때 여러분의 초점은 어디에 있나요? '내가 잘해야지, 내가 틀리지 말아야지'에 고정되어 있다면 시각을 바꿔보시기 바랍니다. 서비스 영어에 대한 여러분의 자세는 '고객에게 초점을 맞추자'가 되어야 합니다.

시각의 전환이 서비스 영어의 시작입니다.

서비스 영어
vs 비즈니스 영어

　서비스 영어는 고객을 맞이하고 응대하는 환대 산업(Hospitality Industry)이라는 특수한 환경에서 사용되는 영어입니다. 따라서, 서비스 영어는 분류상 특수 목적 영어(ESP, English for Specific Purposes)에 포함됩니다. 이렇게 특수한 비즈니스 환경에서 사용되는 영어는 일상생활에서 외국인을 만날 때 사용하는 영어와는 분명한 차이가 있습니다.

　이런 차이에도 불구하고, 아직 비즈니스 영어와 서비스 영어 차이에 대한 이해가 부족한 실정입니다. 너무나 안타깝게도 국내 관련 학과에서는 서비스 영어보다는 비즈니스 영어를 중심으로 교육하는 경우가 많습니다.

　하지만 서비스 영어 = 비즈니스 영어는 아니므로 서비스 영어 맞춤형 교육이 필요합니다.

물론, 서비스 영어와 비즈니스 영어는 여러 공통점을 가지고 있습니다. 두 언어 모두 공손한 표현을 기본으로 하며, 불필요한 오해를 방지하기 위해 간결하고 명확한 전달 방식을 지향하죠. 전문적인 톤을 유지하고 고객 중심의 접근 방식을 취한다는 점에서도 유사합니다.

그러나 서비스 영어는 환대 산업에서 이루어지는 대화를 기반으로 하므로, 어조, 목소리 크기, 속도, 톤 등에서 비즈니스 영어와 차이를 보입니다.

분류	서비스 영어	비즈니스 영어
어조	따뜻하고 친절함	단정하고 전문적임
크기	편안하게 들을 수 있을 정도의 부드러운 볼륨	또렷하고 안정된 볼륨
속도	천천히, 이해하기 쉽게	적절한 속도, 너무 느리거나 빠르지 않음.
톤	부드럽고 밝은 느낌	신뢰감 주는 톤, 감정적이지 않게 조절

비즈니스 영어의 핵심은 이윤 창출이라는 목표를 달성하는 데 있습니다. 이메일 작성, 회의, 협상, 프레젠테이션 등 다양한 비즈

니스 상황에서 사용되기 때문에 효율성과 정확성이 더 요구되죠. 또한, 비즈니스 영어를 사용하는 대상은 상사, 동료, 협력사, 거래처, 고객 등 다양한 비즈니스 관계자들로 구성됩니다.

따라서 공식적이고 객관적인 어조를 유지하며, 논리적이고 명확한 정보 제공을 목적으로 하는 특징이 있습니다. 감정보다는 문제 해결 과정에 집중하는 경향이 강한 것도 이러한 이유에서 비롯됩니다.

반면, 서비스 영어는 고객을 위한 커뮤니케이션이라는 점에서 비즈니스 영어와 큰 차이를 보입니다. 언어의 중심이 고객이기 때문에, 고객이 쉽게 이해할 수 있도록 편안하고 배려하는 언어를 사용한다는 점에서 비즈니스 영어와 구별됩니다.

서비스 영어는 친절함과 공손함을 기본으로 하며, 고객 만족을 최우선으로 삼다 보니 감정을 담은 다양한 형용사나 동사를 강조하는 부사가 자주 사용됩니다.

예를 들어 보겠습니다.

어떤 문제가 발생했을 때 이를 해결하기 위해 노력하고 있다는 메시지를 전달하는 방식에서 비즈니스 영어와 서비스 영어는 이렇게 다른 톤으로 전달될 수 있습니다.

비즈니스 영어:

We acknowledge the issue and are currently working on a resolution. We appreciate your patience and will update you as soon as we have more information.
해당 문제를 인지하고 있으며 현재 해결을 위해 조치를 진행 중입니다. 기다려 주셔서 감사드립니다. 추가 정보가 확인되는 대로 안내드리겠습니다.

서비스 영어:

We sincerely apologize for the inconvenience, and please rest assured that our team is actively working to resolve the issue as quickly as possible.
불편을 끼쳐드려 진심으로 죄송합니다. 저희 팀이 현재 신속하게 문제를 해결하기 위해 최선을 다하고 있으니 안심하시길 바랍니다.

이처럼 서비스 영어는 단순히 정보를 전달하는 것을 넘어, 고객을 존중하고 배려하는 말투와 표현을 사용하는 것이 특징입니다. 비즈니스 영어가 목표 중심적이고 실용적인 성격을 띤다면, 서비스 영어는 사람 중심적이고 정서적인 소통에 중점을 둡니다.

정리하겠습니다.

서비스 영어도 비즈니스 상황에서 사용되기에 비즈니스 영어를 기반으로 하는 격식 있는 영어를 사용합니다. 그러나 표현적으로 봤을 때 더 친근하고 고객의 감정에 초점을 맞춘 표현을 주로 사용하며, 어조와 톤 등도 고객에 맞추어 사용한다는 특징이 있습니다.

즉, 서비스 영어는 고객의 감정을 이해하고 고객에게 긍정적인 경험을 제공하기 위해 만들어진 언어입니다. 따라서 고객이 커뮤니케이션의 중심이 되어야 합니다.

서비스 영어
조금 더 깊게 살펴보자

서비스 영어가 사용되는 환경을 한번 떠올려 봅시다.

공손하고 전문적인 태도로 고객과 대화하는 호텔리어나, 비행기에 탑승한 고객에게 식사를 권하는 승무원의 모습이 떠오릅니다.

이처럼 다양한 서비스 환경에서 사용되는 서비스 영어는 상황에 따라 조금의 차이는 있지만 기본적으로 공손한 어투를 사용합니다. 그리고 현장의 특성에 따라 일정한 패턴을 반복하는 특징이 있습니다.

특정한 서비스 상황에서 반복적으로 사용되는 정형화된 표현을 '사전에 준비된 표현'이라는 뜻으로 rehearsed language라고 부릅니다.

Rehearse는 동사로 '연습하다, 미리 준비한다'는 뜻이 있어요. 따라서, rehearsed language라고 하면 '고객에게 건넬 말이 사전에 연습되고 준비되어 있다'는 뜻이 됩니다. 서비스 제공자는 반복적으로 제공되는 서비스 환경에서 rehearsed language를 사용하게 됩니다.

사전 준비된 응대 언어(rehearsed language)는 고객을 환영하거나, 문의 응대, 컴플레인 처리 등에 자주 사용하는 정형화된 표현으로, 환대 산업 특유의 말투를 사용합니다.

예를 들어, 호텔에서 고객을 맞이할 때는 "Welcome to Seoul Hotel! How can I help you?"라는 표현을 통상적으로 사용합니다. 한편, 승무원들은 "Welcome on board! May I see your boarding pass, please?"와 같은 정해진 표현들로 고객을 맞이합니다.

서비스 영어에는 이렇듯 정형화되고 패턴화된 표현이 다수 포함되어 있으며, 이러한 반복적이고 공손한 영어 표현이 서비스 영어의 기본 골자를 이룹니다. 따라서 서비스 영어는 충분히 연습만 한다면 비교적 빠른 시간 내에 실력을 향상시킬 수 있다는 큰 장점이 있습니다.

하지만 이렇게 정형화된 영어만 사용하면 키오스크에서 나오는 기계적인 영어 안내와 큰 차이가 없겠죠. 정형화된 표현을 뼈대라고 본다면, 그 뼈대에 살을 붙여야 진정한 서비스 영어를 완성시킬 수 있습니다.

서비스 영어에서는 상황별로 반복되는 격식 있는 기본 골자에 더해, 조금 더 부드럽고 즉흥적인 대화체가 함께 사용됩니다. 기본적으로 공손한 톤을 유지하면서도 고객의 긴장을 풀어주고 친근하게 다가가기 위해 일상 영어(general English)를 양념처럼 더해주죠. 이러한 대화체를 스몰토크(small talk, 가벼운 대화)라고 합니다.

스몰토크를 적절히 활용하면 고객의 긴장을 완화하고, 서비스 제공자와의 심리적인 거리를 좁힐 수 있습니다. 다음 장에서는 기본 골자에 스몰토크를 입히는 방법에 대해 알아보도록 하겠습니다.

서비스 영어는
2:8 가르마처럼

호텔 업계에 처음 발을 들였을 때, 호텔 매니저님들이 주로 하시던 헤어 스타일 중 하나가 2:8 가르마였습니다. 머리를 2:8 비율로 나누고 반짝이는 젤로 단정히 고정한 모습은 과거 호텔리어의 상징적인 이미지였죠. 서비스 영어에도 '2:8 원칙'이 적용된다는 점을 기억하면 편리합니다.

서비스 영어는 쉽게 말해 정형화된 표현 80%와 프리스타일 20%로 구성된다고 볼 수 있습니다. 정형화된 표현은 고객을 맞이하거나 배웅하는 과정, 그리고 주요 서비스를 제공할 때 반복적으로 사용됩니다. 나머지 20%는 고객과의 친밀감을 형성하기 위해 사용하는 일상 대화(스몰토크)입니다. 이는 고객의 긴장을 풀어주고, 자연스러운 소통을 돕는 데 중요한 역할을 합니다.

제가 에버랜드에서 가장 좋아하는 어트랙션이 있는데요. 여러분도 잘 아시는 아마존 익스프레스입니다. 아마존 익스프레스는 어트랙션 자체도 재미있지만, 줄을 서 있는 동안 심심할 틈 없이 방문객들을 즐겁게 해주는 직원들의 역할이 크다고 생각해요.

직원들은 안내와 안전 수칙에 대한 정형화된 표현을 사용하지만, 그 외에 자신의 애드리브를 추가해 방문객들에게 더욱 즐거운 시간을 제공합니다. 정해진 말을 기본으로 하되, 상황에 맞게 위트 있는 표현을 더하는 직원들 덕분에 이 어트랙션이 더 매력적으로 느껴집니다. 이분들도 정형화된 표현은 스크립트로 제공받아 사전에 숙지하고 외웠겠지만, 그 외의 말들은 선배들이 하는 말과 퍼포먼스를 참고하거나 자신의 개성을 살려 양념을 더하는 방식으로 만들어가는 것이죠.

서비스 영어도 마찬가지입니다. 어렵게 생각할 필요가 없어요. 서비스 영어는 고객에게 좋은 경험을 제공하기 위해 서비스 환경에서 사용되는 특수 목적 언어입니다. 따라서 고객에게 사용할 반복적인 주요 표현들만 잘 외워도 80% 이상 성공한 것이나 다름없습니다.

이러한 엄청난 강점 덕분에 서비스 영어는 투자 대비 빠른 효과를 기대할 수 있습니다. 그러나 이런 효과를 기대하기 위해서는 '암기'라는 과정을 절대 빼놓을 수 없습니다.

아마존 익스프레스 직원들이 스크립트를 외우지 않고 재미를 위해 아무 말이나 한다면 고객에게 혼란을 줄 수 있겠죠. 마찬가지로, 우리 업장에 오시는 고객을 응대할 때도 해야 할 말을 잘 익혀 거의 반사적으로 나올 수 있도록 연습해야 합니다. 주요 표현을 반복적으로 암기해서 사용하다 보면, 어느새 '어? 나 영어 잘하는데?'라는 생각이 들기 시작할 거예요.

서비스 영어는 목적이 뚜렷한 언어라는 장점이 있어 올바른 방향을 설정하고 연습하면 좋은 결과를 도출할 수 있습니다. 충분한 연습을 통해 현장에서 반복적으로 사용하는 영어 표현을 익혔다면, 고객과 소통하기 위한 준비는 어느 정도 마친 셈입니다.

이제 남은 20%가 관건입니다. 고객의 말을 이해하고, 그들의 상황에 맞게 배려하는 눈치코치, 그리고 리스닝 스킬을 향상하는 과정이 남았습니다.

이 부분은 단순히 암기한다고 향상되는 것은 아니기 때문에 시간이 조금 걸릴 수 있습니다. 이제 남은 20%를 효과적으로 향상시킬 수 있는 효과적인 학습 방법에 대해서 찬찬히 알아보겠습니다.

스몰토크라는
요리를 잘하려면

서비스 영어는 요리를 하는 과정과도 비슷하다는 생각이 듭니다. 요리를 잘하려면 좋은 원재료를 기반으로 적절하게 양념을 넣어주어야 하지요. 서비스 영어라는 요리도 기본 재료와 양념이 잘 배합되어야 합니다.

먼저, 우리가 앞서 배웠던 정형화된 표현이라는 메인 재료를 준비합니다. 그 표현을 기반으로 소소한 일상 대화와 같은 양념을 가미합니다. 이때 MSG를 팍팍 치듯이 과하게 넣지 않고, 적절히 사용하는 것이 중요합니다. 양념은 적절하게 사용해야지, 너무 많이 사용하면 고객이 부담스러울 수 있기 때문입니다. 적절한 일상 대화라는 양념을 알맞게 가미하면 고객에게 부담을 주지 않으면서도 심리적인 간격을 좁힐 수 있습니다.

외워서 사용할 수 있는 정형화된 표현과는 달리, 스몰토크는 변화하는 상황에 맞춰 순간 판단력을 기반으로 빠르게 나와야 하므로, 경험 많은 서비스 직원들도 어려움을 느끼는 경우가 많습니다. 그러니 이 글을 읽으며 '나는 왜 스몰토크가 어려울까'라고 고민하는 분이 계신다면, "You're not alone…"이라고 말씀드리고 싶어요.

『흑백요리사』라는 서바이벌 요리 프로그램을 보니, 요리의 최종 단계에서 양념을 잘 가미하는 것이 요리의 완성도를 높이는 데 매우 중요하면서도 어려운 일이더군요. 서비스 대화에서도 마찬가지로 적절한 양념을 잘 치는 것이 중요합니다.

스몰토크는 말 그대로 가벼운 주제를 바탕으로 고객의 긴장을 풀어주는 정도로 활용해야 합니다. 간혹 외국인 고객을 응대할 때 다양한 영어 표현을 시도해 보거나, 반드시 한마디라도 건네야 할 것 같은 강박을 느끼는 서비스 제공자들도 종종 있습니다.

안타깝게도 저도 그중 한 명이었답니다. 스몰토크가 전문적인 응대 위에 살짝 가미하는 양념 같은 요소일 뿐, 과도하게 사용하면 오히려 고객에게 불쾌감을 줄 수 있다는 것을 잘 몰랐던 때가 있었어요.

제 서비스 경력에서 손꼽히는 흑역사 중 하나가 바로 스몰토크에서 비롯된 실수였습니다.

한국 독자들에게도 익숙한 유명 작가가 한국을 방문했을 때의 일인데요. 서비스 제공 중 예기치 않은 지연이 발생했고, 분위기를 풀어보려는 의도로 그분의 책에 대해 가볍게 농담을 건넸습니다. 하지만 예상과 달리 '내 책을 가지고 농담을 해?'하는 듯한 매섭고도 따가운 눈총을 받았고, 저는 순간 얼음이 되었던 기억이 있습니다.

지금 떠올려도 목덜미가 서늘해지는 경험인데요. 여러분은 저와 같은 무분별한 스몰토크 실수를 하지 않길 바라는 마음으로 저의 흑역사를 공유해봅니다.

사람마다 I 성향과 E 성향이 있듯이, 고객들도 스몰토크를 선호하는 분이 있는가 하면 극도로 부담스러워하는 분들도 있습니다. 일반화할 수는 없지만, 대화 방식에서도 문화권별로 특성이 어느 정도 존재하는 것 같습니다.

제 경험상, 북미 고객들이 아시아나 유럽 고객들보다 스몰토크를 더 자연스럽게 받아들이는 경향이 있습니다. 스몰토크를 좋아하는 고객들은 질문을 통해 사회적 관계를 여는 스타일을 가진 경우가 많죠. 이런 분들은 서비스 제공자에게도 스스럼없이 질문을 던지는데, 이 상황에서 만약 "Yes", "No"처럼 단답형으로만 답하면, 영어가 서툴다고 생각하기보다는 무례하다고 오해할 수도 있습니다.

스몰토크를 좋아하는 고객님들은 "Oh, I love your uniform!" 처럼 긍정적인 표현으로 대화를 시작하는 경우가 많으며, 대화 중 공백을 어색하게 느끼는 경향이 있어요.

만약 이런 고객이 여러분을 칭찬하며 말을 건넨다면, "Oh, thank you! Are you visiting Korea on vacation/for business?" 처럼 간단한 질문을 덧붙이면서 자연스럽게 대화를 이어갈 수 있습니다. 또는 상황에 따라 날씨나 새로운 프로모션, 주변에서 진행 중인 행사에 대한 정보를 공유하며 자연스럽게 화제를 전환하는 것도 좋은 방법입니다. 이때가 바로 업셀링(upselling)의 기회거든요! 놓칠 수 없죠.

반면, 스몰토크를 선호하지 않는 문화권도 있습니다. 대표적으로 스웨덴, 핀란드, 노르웨이 같은 스칸디나비아 국가들이 그렇습니다.[1]

BBC 기사에 따르면, 스웨덴 사람들은 "The weather is nice today!"라고 말을 건네면 단순한 인사로 받아들이기보다는, 날씨에 대한 구체적인 정보를 주고받아야 한다고 생각하는 경향이 있

---

[1] Transparent Language Blog. (2014.04.14). "Small Talk Is a Big Deal: Perceptions of Chit-chat Around the World". https://blogs.transparent.com/language-news/2014/04/14/small-talk-is-a-big-deal-perceptions-of-chit-chat-around-the-world/

다고 합니다.[2]

　세상에는 이런저런 유형의 고객이 있습니다. 따라서 스몰토크는 반드시 해야 하는(must) 요소가 아니라, 상황에 따라 적절히 활용하는 양념 같은 역할을 한다는 점을 기억하시면 좋겠습니다. 양념이 가미되지 않은 순한 맛을 즐기는 분들이 계시듯이 모든 고객이 스몰토크를 반기는 것은 아닙니다.

　스몰토크는 고객과의 거리감을 좁히는 데 도움이 되지만, 부담스럽게 사용하면 오히려 역효과를 낼 수 있습니다. 그러니 예전의 저처럼 스몰토크를 써보려고 너무 애쓰지 않으셔도 된답니다.

---

2) BBC. (2023.11.28). "Why Swedes Don't Speak to Strangers". https://www.bbc.com/travel/article/20201203-why-swedes-dont-speak-to-strangers

우리에게는
영어 잘하는 직원이 있다!

현장 서비스 교육을 나가보면, 종종 회사의 간부들에게 이런 말을 듣곤 합니다.

"그 직원은 해외파라서 외국인 고객 응대 문제없어요."

여러분은 이 의견에 대해 어떻게 생각하시나요? 물론 영어를 잘한다는 것은 외국인 고객을 응대하는 데 기본적으로 중요한 자질임은 틀림없습니다. 그렇지만 이런 말은 마치 '우리는 한국 사람이니까 한국어로 서비스를 할 수 있다'라고 말하는 것과 같은 논리겠지요.

서비스를 제공해 보신 분이라면 아실 겁니다. 처음 서비스직을 시작했을 때는 한국어로 고객의 전화를 받거나 몇 마디 나누는 일

조차도 매우 긴장이 된다는 것을요. 우리는 원어민인데도 한국인 고객에게 한국어로 응대하는 것이 쉽지 않습니다. 왜 그럴까요?

서비스는 기술이기 때문입니다.

서비스 커뮤니케이션은 단순히 한국어나 영어를 잘하는 것과는 별개의 기술입니다.

제가 참 좋아하는 책이 있어요. 그 책은 이기주 작가님의 『말의 품격』이라는 책인데요. 이 책을 잠시 인용하도록 하겠습니다.[3]

> "직원은 '달랑 하나 남았네요'라는 말이 목구멍을 타고 넘어오도록 내버려두었다."

이기주 작가님은 이 서비스 경험에서 자신 안에 꿈틀대던 구매욕이 허공으로 흩어져 버렸다고 말합니다. 같은 말도 따뜻한 마음을 가지고 했다면 고객에게 불쾌하게 와닿지 않았을 것입니다.

이 글을 읽어보면, 서비스에서 사용하는 말이라는 것은 단순히 그 언어를 잘하고 못하고의 문제가 아니라, 서비스 제공자가 어떤 의도를 가졌는지가 더 중요하다는 것을 알 수 있습니다. 그리고 커뮤니케이션 스킬이 얼마나 훈련되어 있는지가 고객 경험과

---

3) 이기주. (2017). 『말의 품격』. 황소북스.

직결된다는 것도 알 수 있죠.

　서비스 영어는 하루아침에 향상되는 기술이 아닙니다. 고객을 편안하게 모실 수 있는 커뮤니케이션을 하기 위해서는 수많은 연습과 고민이 필요합니다.

　미국의 호텔에서도 고객 커뮤니케이션 교육을 한다는 기사를 읽었던 기억이 있습니다. 영어를 모국어로 하는 사람들이 영어 커뮤니케이션 스킬 교육을 받는 것은 당연한 이치죠. 따라서 한국어나 영어를 잘하는 것 자체로 서비스를 할 준비가 됐다고 말하는 것은 어불성설입니다.

　우리가 서비스를 잘 받았을 때 '아, 참 좋았다'라고 느낄 수 있다는 것은, 그 서비스를 제공하는 분이 고객의 마음을 헤아리는 '예술의 경지'를 보여주었다는 뜻이기도 합니다. 처음 보는 고객에게 만족을 준다는 것이 얼마나 어려운 일인지 모릅니다.

　그러니 앞으로는 '이 직원은 유학파니까 외국인 고객을 응대할 수 있어'라거나 '나는 영어가 부족해서 외국인 고객을 응대할 수 없어'라고 단순하게 생각하지 말아야겠습니다.

　단순히 영어를 잘한다고 해서 서비스를 잘할 수 있다고 생각하는 것은 서비스의 품격을 깎아내리는 것입니다. 서비스는 기술입니다. 따라서 서비스의 말도 기술처럼 연마해야 합니다.

알맹이 없는 영어는
오래 가지 못해요~

한 서비스 기업에서 신입 사원들 중에 영어 전문 직원을 선발해 달라는 요청을 받았습니다.

심사를 하기 전에 지원한 직원들과 잠시 영어로 아이스브레이킹을 해보았습니다. 이야기를 나눠보니, 여러 지원자 중 한 분이 유독 눈에 띄었습니다. 해외에서 공부를 하고 오신 분이었는데, 영어를 그중 가장 자연스럽게 구사하시더군요. 다른 지원자들도 그 분의 외국인 같은 영어를 매우 의식하는 듯 보였습니다.

드디어 개별 영어 면접이 시작되었고, 지원자들은 그동안 갈고 닦은 상품과 서비스에 대한 설명을 영어로 선보였습니다. 여러 지원자의 면접이 진행된 후, 드디어 영어 실력이 가장 좋다고 알려진 지원자의 차례가 되었습니다.

기본적인 질문에는 무난히 답하시더군요. 그런데 고객 입장에서 궁금할 수 있는 여러 질문을 던지자 그분의 상품 이해도가 다른 지원자들에 비해 현저히 낮다는 점이 드러났습니다. 게다가 영어 자체도 "you know", "hmmm"과 같은 filler words가 너무 많아서 고객에게 말한다는 느낌을 받지 못했습니다. 언뜻 듣기에 영어는 잘하는 것처럼 들렸지만, 서비스와 상품에 대한 이해가 부족해 상세한 설명을 하지 못하는 상황이었습니다.

이분은 영어 전문 직원으로 선발이 되었을까요?

저는 발음은 다소 한국적이지만, 상품과 서비스를 조목조목 성실하고 정확히 설명하는 다른 분을 전문 직원으로 선발했습니다. 면접 결과를 보고 그 지원자는 물론, 다른 분들도 약간 의아해하는 것 같았습니다. 언뜻 영어만 들어 보면 그분이 가장 뛰어난 것처럼 들렸기 때문에, 모두가 그분이 영어 전문 직원으로 선발될 것이라 예상했던 것이죠.

그런데 여기서 기억해야 할 것이 있습니다. 서비스 영어는 특수 목적 영어라는 사실이에요. 이 언어를 구사함에 있어 가장 중요한 것은 단순히 일상 대화를 하는 외국인처럼 말할 수 있는가가 아니라, 고객에게 필요한 정보와 서비스를 효과적으로 제공할 수 있는 능력이 있느냐가 관건입니다.

자신이 제공하는 서비스에 대해 정확히 이해하며, 고객이 쉽게 받아들일 수 있도록 전달하려는 태도가 영어를 외국인처럼 하는 것보다 훨씬 더 중요합니다. 영어 실력이 좋다고 하더라도 서비스에 대한 이해가 부족하다면, 결코 좋은 서비스 영어를 한다고 말할 수 없습니다.

고객의 입장을 고려하면서 자신이 제공하는 서비스와 정보를 유창한 영어로 설명할 수 있는 경지로 나아가는 것이 우리의 목표가 되어야겠습니다.

이제 영어와 서비스, 두 마리 토끼를 다 잡을 방법을 더 알아봅시다.

외국인 고객과
말이 잘 통하려면?

　우리나라는 1970년대 중반부터 외래관광객조사를 실시해 오고 있습니다. 매년 조사를 통해 우리나라를 찾는 외국인 방문객들이 만족하는 부분과 개선이 필요한 부분을 파악하는 지표로 활용하고 있습니다. 이 만족도 지표를 이용해 경쟁력을 높일 수 있는 요소를 찾아내는 것이죠.

　먼저, 우리나라를 찾은 외국인들에게 가장 만족도가 높은 항목을 살펴보면 단연 식도락 관광입니다. 우리나라 음식이 또 한 음식 하잖아요? 요즘 전 세계에서 가장 핫하고 맛있는 것들이 다 한국에 있다고 해도 과언이 아닐 것 같습니다. 한국은 전통 음식도 유명하지만, 새로운 음식들이 트렌디하게 등장하면서 식도락가 (foodie)들에게 성지가 된 지 오래입니다. 자연경관이나 고궁, 역사 유적지 방문도 높은 만족도를 보입니다. 특히 치안은 전 세계 넘버

원이라고 해도 될 법합니다.

그에 반해 매년 만족도가 가장 낮은 항목도 있습니다. 정말 놀랍게도, 매년 변함없이 최하위를 기록하는 항목이 있는데요. 그게 무엇일까요?

바로 의사소통입니다. 애석하게도 의사소통은 매년 부동의 꼴찌 자리를 굳건히 지키고 있답니다.[4]

물론 한국어가 모국어인 국가에서 영어 의사소통에 어려움을 겪는 것은 어쩌면 당연한 일일 수도 있습니다. 그렇지만 의사소통이라는 것이 단순히 언어를 통해서만 이루어지는 것이 아니라는 점을 생각해 보면, 우리가 말하는 방식과 태도를 한 번 돌아볼 필요가 있습니다.

'어차피 의사소통은 매년 인기가 없었어. 이건 결국 통역기가 잘되면 해결될 일이야'라며 손 놓고 있을 수는 없겠죠. 통역기가 해결해 줄 일이었다면 이미 의사소통 만족은 좋아져야 했고요.

그렇다면 어디서부터 시작해야 할지 생각해 봅시다.

먼저, 외국인 고객의 시각에서 우리가 제공하는 서비스와 상품을 바라보는 연습을 시작해 보면 어떨까요?

---

4) 관광지식정보시스템. (2023년). 『2023 외래관광객조사 결과』.
https://know.tour.go.kr/stat/fReportsOfForeignerDis19Re.do.

우리가 익숙한 환경에서는 어떤 부분이 불편한지, 어디에서 의사소통이 잘 안되는지 알 수가 없죠. 하지만 외국인의 입장에서 한국을 바라보는 연습을 하기 시작하면, 어떤 부분을 개선해야 하는지 조금씩 보이기 시작할 것입니다. 고객이 무엇을 불편해하는지, 어떤 도움이 필요한지 파악하는 것만으로도 서비스의 질은 크게 달라질 수 있습니다.

우리는 같은 한국어를 쓰면서도 '말이 안 통한다'라고 말하는 경우가 있습니다. 이 말의 본질은 단순한 언어 문제가 아니라 상대방과의 소통이 이루어지지 않는다는 뜻이겠지요. 서로를 이해하려는 배려와 존중이 부족할 때 이런 일이 발생하곤 합니다.

외국인 방문객을 배려하여 국내인과 최대한 동등하게 서비스, 상품, 시스템 등을 불편 없이 이용할 수 있도록 하겠다는 의지가 없다면, 소통이 원활할 리 없습니다. 반대로 고객을 배려하고자 하는 의지와 진심만 있다면, 언어 자체는 오히려 큰 문제가 되지 않는 경우가 많아요.

부산으로 출장을 갔다가 부산역에서 전통 과자를 파는 가판을 보게 되었어요. 그곳에서 일하는 중년 여성분은 외국인 고객들에게 짧은 영어지만 정말 신나고 친절하게 과자를 설명하며 팔고 계셨습니다. 지나가던 저도 그 모습을 보고 하나 사고 싶을 정도였어요.

외국인 방문객들이 서비스 제공자들과 겪는 불만은 상품 자체의 문제가 아니라, 그것이 전달되는 과정에서 발생하는 서비스 마인드 부족에서 비롯되는 경우가 많습니다. 말이 조금 서툴더라도, 우리의 마음이 전해진다면 외국인 고객들은 이렇게 기억할 것입니다.

'한국에서는 영어가 완벽하게 통하지는 않았지만, 내 말을 이해하려고 노력해 주었고, 나를 존중해 주었다'

이런 경험이 쌓일 때, 한국은 단순히 여행하기 좋은 나라가 아니라, 다시 찾고 싶은 나라가 될 것입니다.

외국인의 시각으로
바라보기 연습

여러분, 요즘 어떤 방식으로 소통을 하시나요?

현대 사회에서 업무적인 소통뿐만 아니라 일상생활에서도 디지털 기기는 필수적인 도구가 되었습니다. 아침에 가족과 대화를 나누는 시간을 제외하면, 저 역시 모든 업무적인 의사소통을 디지털 기기를 통해 해결하고 있습니다. 여러분도 비슷하시겠죠? 이제는 집 밖으로 나와 어떤 활동을 하든, 휴대전화 없이 생활하기 어려운 시대가 되었습니다.

한국을 방문하는 외국인들도 마찬가지입니다. 공항에 도착한 외국인들은 가장 먼저 휴대전화 전원을 켜고 한국의 놀라운 5G 속도를 경험하게 됩니다. 그런데 이상한 일이 벌어집니다. 인터넷은 잘 연결되지만, 구글 지도는 길 찾기 기능이 제한되어 있어 제대로 작동하지 않습니다. 우버로 택시를 부르려 해도 택시가 많이 없고, 그나마 카카오 택시 앱을 새로 설치하면 한국어와 영어 페이지가 번갈아 가며 오류를 일으키기도 합니다. 쇼핑몰에 도착해 식사를 하려 해도 한국 전화번호가 없으면 웨이팅 리스트에 이름을 올릴 수도 없습니다.

외국인들이 자주 이용하는 지하철역에 있는 지하철 티켓 환불 기기는 왜 그렇게 에러가 자주 나는지 직원 호출 버튼을 눌러봐도 말도 잘 안 통합니다.

이러한 상황을 겪는다면 여러분은 어떤 기분이 드실까요? 한국을 기대하며 방문한 외국인들이 겪는 실망이 이만저만이 아닐 것입니다. 외국인 방문객들은 이런 문제에 부딪힐 때 '이 나라에서는 말이 안 통한다', '누구에게 도움을 요청해야 할지 모르겠다'는 답답함을 느낍니다.

얼마 전, 외국인이 남긴 리뷰 하나를 읽게 되었습니다. '한국에 가려면 단단히 준비하세요'라는 제목의 글이었어요. 이 말이 무슨 뜻이었을까요? 디지털 지도 사용이 원활하지 않고, 해외 카드를 받지 않는 상점이 많아 불편하다는 의미였습니다.

물론, 우리나라에 방문하는 외국인들을 위한 디지털 서비스는 많이 향상되었습니다. 그럼에도 불구하고 조금 더 세밀하게 외국인의 경험에 귀 기울이고 개선해 나갈 필요가 있습니다.

저는 업무상 다양한 외국인 고객들을 만나며, 한국 체류에 대한 그들의 경험을 들을 기회가 많았습니다. 직접 겪은 불편함과 만족스러운 점을 듣는 과정에서 그들의 경험에 공감하게 되었고, 점차 외국인의 시선에서 한국의 편의 서비스를 바라보게 되었습니다.

그중에서도 외국인의 시각에서 한국을 바라보게 된 주요한 계기가 있었는데요. 깐깐하기로 둘째가라면 서러운 유럽인 총지배인과 일을 하게 되면서부터였습니다.

이 외국인 총지배인은 주중에는 호텔을 구석구석 헤집고 돌아다니면서 모든 것을 체크하고(이게 물론 그의 업무입니다만, 당하는 사람은 굉장히 힘듭니다), 주말에는 한국 곳곳을 여행하며 외국인의 시각에서 불편한 점들을 지적했습니다.

그의 경험담을 듣고 있노라면, 제 머릿속에는 어느새 '하... 적당히 좀 하지'라는 말풍선이 떠다니는 듯했습니다. 자연스럽게 그의 한국 체험 이야기를 피하게 되기도 했죠.

하지만 지금 돌이켜보면, 그 총지배인의 다양한 경험담 덕분에 외국인들이 한국에서 겪을 수 있는 어려움을 새로운 시각으로 바라볼 수 있게 된 것 같습니다.

다행히 조금씩 변화는 일어나고 있습니다. 예전에는 쉽지 않았던 KTX나 공연 티켓 구매를 지원하는 외국어 플랫폼들이 생겼죠. 하지만 우리는 더 잘할 수 있다고 생각해요. 우리가 제공하는 서비스와 상품, 시스템 등을 조금만 더 주의를 기울여 살펴본다면, 외국인들의 편의를 더욱 향상시킬 수 있는 부분이 많을 것입니다.

내국인들이 즐기는 무궁무진한 K-디지털 서비스를 외국인들도 함께 누릴 수 있을 때, '아, 이제야 말이 좀 통하는구만!' 하고 느끼게 될 것입니다.

서비스 영어에도
차별이 있나?

앞서 우리나라를 방문한 외국인들의 만족도 중에 의사소통에 대한 만족이 가장 낮다는 말씀을 드렸지요. 외국인 방문객들의 의사소통 만족을 높이기 위해서는, 먼저 어떤 유형의 방문객들이 의사소통에 불만을 느끼는지 확인해 보아야 합니다.

저는 이 궁금증을 직접 해결하기 위해 박사 과정에서 연구를 진행해 보았습니다.[5] 이를 위해 외래 관광객 만족도 조사에서 사용됐던 응답을 모두 내려받았습니다.

이 데이터를 가지고 분석을 해본 결과, 언어권별 의사소통 만족도에 차이가 있다는 점을 확인할 수 있었습니다.

방문자들을 영어권과 비영어권으로 나누어 분석해 보니, 영어

---

[5] 김보균 & 김홍범. (2020). 「외국인 인바운드 관광객의 특성에 따른 언어소통 만족에 관한 연구」. 『관광레저연구』, 32(9), 63-78.

권 방문객들의 의사소통 만족도가 비영어권 방문객들보다 더 높았습니다. 다시 말하면, 비영어권 방문객들이 한국에서 의사소통에 대한 불만을 더 많이 느낀다는 뜻이죠.

중국과 일본 관광객 수가 많기 때문에, 두 국가를 따로 분류해 분석해 보았더니 의사소통 만족도가 중국어권 > 영어권 > 일본어권 > 비영어권 순으로 나타났습니다.

비영어권 고객의 만족이 가장 낮은 이유를 찾기 위해 여러 요인을 검토해 보았어요. 가장 유력한 이유 중 하나는, 우리나라 서비스 제공자들이 비영어권에 비해 영어권 방문객들의 영어를 더 친숙하게 받아들이는 경향을 꼽을 수 있습니다.

한국의 영어 교육은 오랫동안 원어민 영어에 집중해 왔습니다. 학교에서 배우는 영어도, 서비스 제공자들이 접하는 영어 자료도 대부분 북미권 원어민 발음과 표현을 기반으로 합니다. 그러다 보니, 서비스 제공자들은 자연스럽게 북미권 원어민의 영어를 더 쉽게 이해하고 응대했을 가능성이 큽니다.

반면, 비영어권 방문객들은 익숙하지 않은 영어 발음과 표현을 사용할 가능성이 높지요. 예를 들어, 아시아에서 온 방문객들은 지금까지 배웠던 영어와는 전혀 다른 억양과 속도로 대화할 가능성이 높습니다. 이런 상황이라면 서비스 제공자들이 당황하거나 적절히 대응하지 못할 가능성이 높아질 수밖에 없습니다.

모든 통역사가 그런 것은 아니지만 전문 통역사들도 개인적으로 기피하는 발음들이 있습니다. 자신이 맡은 연사가 특정 국가의 악센트를 심하게 사용할 경우 파트너에게 그 연사를 기꺼이 양보(?)하기도 합니다. 제가 호주에서 근무해서 그런지 가끔 통역 파트너가 호주 연사를 저에게 몰빵해 주는 경우도 있는데요. 호주도 대륙이 크다 보니 지방에서 오신 분들의 영어를 들으면 '엇?' 하면서 당황하는 경우가 있습니다.

영어 전문가들도 이럴진대, 현장에서 서비스를 제공하시는 여러분들은 얼마나 낯설겠습니까.

서비스 제공자들이 예상치 못한 영어에 대해 얼마나 당황하는지를 확인하기 위해, 제가 한 가지 실험을 해보았습니다.

서비스 영어 교육을 진행하면서 참가자들에게 쉬운 영어 문장을 비영어권 말투로 들려주고 의미를 알아들을 수 있는지 물어보았습니다. 결과는 어땠을까요?

평소 영어를 잘하던 직원들도 두세 번 들어야 이해하거나, 끝까~지 못 알아듣는 경우가 많았습니다. 심지어 일부 직원들은 잘 안 들릴 때 자신도 모르게 인상을 쓰며 "What?"이라고 묻기도 했습니다. 혹시라도 이 표현을 고객 앞에서 썼다면 매우 무례하게 들렸을 것입니다. 만약 여러분이 해외에 갔을 때, 현지 직원이 여러분이 하는 영어를 못 알아듣고 "What?"이라고 물어본다면 어떨까요? 기분이 몹시 불쾌하겠죠.

고객의 말을 알아듣지 못하는 것은 단순한 '이해의 문제'가 아닙니다. 그런 어려움은 종종 고객을 피하고 싶어지는 심리로 이어지고, 결국 그런 마음가짐은 서비스 태도에도 그대로 드러나게 됩니다.

서비스 영어에는 안타깝게도 여전히 차별이 존재합니다. 이제 우리도 영어를 바라보는 시각을 조금 더 넓혀야 하지 않을까요? 원어민 중심의 영어에서 벗어나, 다양한 문화권의 영어 발음과 표현을 이해하려는 열린 마음을 가져봅시다.

Part

③

고객 앞에서 당당해지는
영어 공부법

총 쏘러 가는데
총알이 없다

제가 통역을 처음 배울 때 한 선생님께서 이런 말씀을 하신 적이 있습니다.

"표현을 잔뜩 쟁이지 않고 통역을 잘 하려고 하는 것은 총알 없이 전쟁터에 들어가는 것과 같습니다."

이 이야기를 들었을 때, 너무나 당연한 말인데도 마치 한 대 얻어맞은 것처럼 멍해졌습니다. 그 순간, '맞아! 내가 표현도 쟁이지 않고 도대체 뭐 하고 있었지?'라는 생각이 들었어요.

서비스 영어도 다르지 않습니다. 서비스 현장이라는 전쟁터에 나가려면, 고객의 기분과 상황에 맞춰 자유자재로 꺼내 쓸 수 있는 언어의 총알, 화살, 혹은 돌이라도 미리 준비해 두어야 합니다.

서비스 영어에서 활용할 표현들이 충분히 쌓여 있지 않다면, 전쟁터에서 성패는 불 보듯 뻔할 것입니다.

제가 지방 출장을 갔다가 한 외국계 브랜드 호텔에서 체크인을 기다리고 있었습니다. 그때 프런트 데스크로 외국인 고객 한 명이 다가왔습니다. 데스크에 서 있던 신입 직원은 체크인을 처음 맡았는지 잔뜩 얼어버린 얼굴로 서서 고객에게 한국어로 말을 걸기 시작했습니다. 고객은 어리둥절한 표정으로 직원을 바라보고 있었고, 직원은 어쩔 수 없다는 듯이 "Your name?"이라며 영어로 겨우 응대하더군요. 그 순간, 제가 다 숨고 싶을 정도로 민망한 기분이 들었습니다.

외국계 호텔에 취업한 걸 보면 그 직원이 영어를 전혀 못 하는 사람은 아닐 것입니다. 하지만 막상 고객 앞에 서니, '이 상황에서 대체 뭐라고 해야 하지?'라는 난감함이 얼굴에 그대로 드러났습니다.

영어를 잘하는 것과 서비스 영어 표현에 능숙한 것은 완전히 다른 문제이기 때문에 준비가 제대로 되지 않으면 서비스 현장에서 이런 난처한 상황을 피하기 어렵습니다.

체크인을 하고 나서 근처 스타벅스에 들렀는데, 관광지라 그런지 외국인 고객이 한국인보다 더 많아 보였습니다. 그 때, 카운터에 있는 직원이 구수한 사투리 억양이 담긴 영어로 능숙하게 고객 응대를 하고 있는 모습을 보았어요. 문법적으로 완벽하지는 않았지만, 그 직원은 주저함 없이 필요한 정보를 전달했고, 심지어 새로 나온 프로모션까지 자연스럽게 소개하더군요.

그분의 또박또박한 콩글리시는 너무나 아름다웠고, 이를 듣는 외국인 손님들 역시 전혀 불편해 보이지 않았습니다. 자신이 제공하는 서비스가 무엇인지 명확히 이해하고, 해야 할 말이 준비되어 있기에 나오는 그 직원의 자신감은 정말 인상적이었습니다.

이 차이는 어디에서 오는 걸까요? 바로 준비된 표현의 양, 즉 얼마나 많은 '언어의 총알'을 가지고 있느냐에서 비롯됩니다.

준비된 표현이 충분하다면 어떤 상황에서도 주눅 들지 않고 당당하게 고객을 맞이할 수 있습니다. 반면, 아무리 서비스 경험이 많더라도 준비된 표현이 부족하면 서비스 영어의 질과 자신감이 떨어질 수밖에 없습니다.

서비스 현장이라는 전쟁터에서 살아남을 수 있도록 다양한 표현을 쟁여봅시다.

교수님, 저는 흘려듣기를
2시간이나 하는데요?

제가 수업 중에 많이 받는 질문이 있습니다.

"어떻게 하면 영어를 잘할 수 있나요?"

하루는 강의를 마친 후 한 학생이 찾아와 이렇게 물었습니다.

"교수님, 저는 하루에 유튜브 흘려듣기를 2시간씩 하고 있어요. 그런데도 영어가 안 늘어요."

저는 이 하소연을 듣고, '아, 학생들이 정말로 어떻게 해야 영어를 잘하게 되는지 모르는구나'라는 생각이 들었어요. 사실 흘려듣기를 2시간 하면서 영어가 잘 되기를 기대하는 것은, 요가 비디오를 2시간 보는 것만으로 요가를 잘하게 되기를 바라는 것과 같거든요.

영어는 기술이기에 체득이 되어야만 입 밖으로 말이 나올 수 있습니다. 따라서 적극적으로 접하고 써보는 과정이 필수적이죠.

영어 리스닝 공부를 할 때는 흘려듣는 수동적인 태도는 별 도움이 되지 않습니다. 우리가 언어를 막 배우기 시작한 아기가 아니기 때문에 성인들의 경우 적극적인 영어 듣기가 필수적입니다. 따라서 리스닝 공부를 할 때는 스크립트가 있는 자료를 이용하는 것이 효과적이며 매우 중요합니다.

스크립트나 자막을 활용해 어디에서 잘 들리지 않는지 꼭 확인해 보아야 합니다. 조금 더 나아가 안 들리는 부분을 받아 적어 보는 것도 좋습니다.

리스닝은 귀로만 할 필요가 없습니다. 리스닝을 하면서 입으로 따라해 보는 쉐도잉도 매우 효과적인 학습 방법입니다. 오디오와 가장 유사한 발음과 높이, 속도를 유지하며 말 그대로 쉐도우처럼 원문을 바짝 쫓아가면서 입으로 소리 내어 보는 것이 핵심입니다.

영어 스크립트를 눈으로 읽으면서 한국어로 잘 해석이 되는지 확인해 보고 그 내용을 영어로 요약해 보는 것도 영어 독해와 작문 능력을 향상시키는 데 도움이 됩니다.

이처럼 영어라는 활을 잘 쏘기 위해서는 다양한 방식의 연습이 함께 이루어져야 합니다. 단순히 듣기만 하는 것에서 그치지 않고, 듣고-말하고-읽고-쓰는 모든 과정이 병행되어야 비로소 실력이 향상됩니다.

다시 한번 말씀드리지만 영어는 만만치 않습니다. 따라서 영어를 잘하려면 수동적인 자세에서 벗어나 적극적이고 꾸준한 노력이 필요합니다.

마치 운동 선수가 된 것처럼 매일매일 꾸준히 적극적으로 귀와 눈과 입을 총동원해서 연습해 봅시다. 여러분, 파이팅입니다!

스피킹,
목표를 세우면 길이 보인다

독자 여러분이 영어를 잘하고 싶은 이유는 무엇인가요? 아마도 이 책을 읽고 계신 분들이라면, 고객 앞에서 영어로 유창하게 말하고, 듣고, 소통하고 싶은 분들이겠지요.

고객과의 의사소통에서 듣기, 말하기, 읽기, 쓰기 중 무엇이 가장 중요하냐고 물으신다면 저는 '말하기'라고 말씀드릴 것 같습니다. '리스닝이 잘 되어야 스피킹이 되는 것 아닌가?'라고 생각하실 수도 있어요. 물론 맞습니다. 그렇지만 서비스 제공자가 자신이 제공하는 서비스와 상품에 대해 일차적으로 말을 할 수 있는 능력을 갖추는 것이 0순위라고 봅니다.

따라서 서비스를 제공하시는 분들이 당장 무엇부터 공부해야 하냐고 물어보시면 "스피킹부터 시작하세요!"라고 말씀드리고 싶습니다.

스피킹은 물론 쉽지 않죠. 그렇지만 한 가지 좋은 소식은 서비스 현장에서 사용하는 영어 스피킹은 투자 대비 결과가 빨리 나오는 장점이 있다는 점입니다. 그 이유는 매일 반복되는 고객 응대 상황에서 여러분이 사용하는 영어가 크게 다르지 않기 때문이에요.

그러므로 여러분이 영어 학습의 단기 목표로 삼아야 할 것은, '고객 앞에서 내가 하고 싶은 말을 최대한 자연스럽게 영어로 표현하기'가 되면 좋을 것 같습니다.

그렇다면 스피킹 실력을 높이기 위해 무엇을 하면 좋을까요? 가장 기본적이면서도 중요한 첫 번째 단계는 '암기'입니다.

성인의 영어 학습에서는 영어를 암기 과목으로 접근하는 것이 효과적입니다. 영어를 유창하게 구사하려면, 기본적인 표현들을 반복해서 외우는 과정을 반드시 거쳐야 합니다.

지금 바로, 현장에서 자주 사용하는 표현을 영어로 떠올려 보세요. 영어가 막힘없이 술술 나오나요? 어떤 표현은 워낙 자주 써서 바로 떠오르는 표현이 있지만 조금만 더 들어가면 약간 머뭇거리는 과정이 있을 겁니다. 그렇다면 이 방법을 한 번 써보시기를 바랍니다.

먼저 현장에서 자주 사용하는 한국어 표현을 간단하게라도 모두 정리를 하신 후에 AI를 이용해서 영어로 번역해 봅니다. AI가

제시한 영어를 읽어보시고 너무 길거나 입에 잘 붙지 않는다면 조금 더 쉽고 짧은 영어로 수정해달라고 요청해 보세요. 조금 더 고급스럽게 말하고 싶은 분들은 자신의 레벨에 따라 조정하시면 됩니다. 여기에서 핵심은 평소에 자주 쓰는 모든 표현을 정리해서 영어로 잘~ 외우는 것입니다.

업무 스크립트 암기와 더불어 병행하면 좋을 스피킹 공부 방법을 하나 더 소개해 드립니다. 제가 한때 썼던 영어 공부 방법이기도 한데요. 바로 '빙의'하기입니다.

먼저 좋아하는 영화 캐릭터를 하나 선택합니다. 물론 이 영화 캐릭터는 아무리 좋아도 해리포터 같은 판타지 캐릭터를 고르셔서는 안 되겠죠. 비즈니스 환경에서 자주 쓸 수 있는 전문적인 캐릭터를 고르시는 것을 추천드려요. (간혹 영어 공부를 위해서 만화부터 시작하시는 분들이 계시는데 서비스 영어 향상을 위해서는 비추입니다)

먼저 스크립트나 자막이 제공되는 영화를 선택하신 후 원하는 캐릭터의 대사를 따라 읽어봅니다. 그런데 잠깐! 이 과정은 단지 대사를 읽는 것에서 끝나지 않습니다. 목소리, 몸짓, 톤, 속도를 모두 그 배우와 똑같이 될 때까지 따라 하는 것이 '핵심'입니다. 언제까지 외워야 하느냐고요? 곧 무대에 세워질 배우처럼 연습한다고 보시면 됩니다.

믿거나 말거나 저는 이 '빙의'의 과정이 즐거웠던 적이 있어서 여러 편의 영화를 이런 식으로 외웠는데요. 이 과정은 사실 목도 좀 아프고 시간도 많이 들어서 인내가 요구됩니다. 그러니 '나는 이렇게 까지는 못하겠다'하시는 분들은 꼭 '빙의'까지는 아니더라도 한 영화를 부분적으로라도 외워서 툭 치면 툭 나올 정도까지 연습해 보시길 추천해 드립니다.

이렇게 연습하면, 뇌가 새로운 단어와 그에 매치되는 발음을 자연스럽게 익힐 수 있게 되고요. 그동안 써 본 적 없던 특정 영어 발음을 내는 입근육을 쓰게 됩니다. 머릿속에 든 표현이 많아도 입이 충분히 연습되어 있지 않으면 영어는 쉽게 나오지 않습니다. 여러분 아시다시피 영어는 만만한 상대가 아니죠?

정리합니다.

서비스 현장에서 필요한 스크립트를 만듭니다.

스크립트를 AI 프로그램이나 구글 번역기에 넣어서 발음을 듣고 따라 읽습니다. 여러 번 반복해서 외우고 숙지하신다면 어느 순간 서비스 현장에서 '어? 나 영어 좀 하는데?'라고 느끼시게 될 겁니다.

스크립트 연습과 더불어 영화나 다양한 영상 자료를 활용해 새로운 표현을 익히고 입을 푸는 연습을 병행하는 것도 추천드립니다.

물론 스피킹이라는 토끼를 잡고 나면 리스닝이라는 거대한 문제를 마주하게 되겠지만 그건 잠시 후에 생각해 봅시다.

스피킹 자신감은 영어 자신감으로 나아가는 핵심입니다. 영어는 심리적인 부분이 큰 만큼, 조금 더 편안하고 당당하게 입을 뗄 수 있게 되는 것이 영어 실력을 크게 향상시키는 첫걸음이 됩니다.

스피킹에 자신감이 붙게 되면 외국인 고객 응대 업무가 점점 더 보람 있고 즐겁게 느껴지실 겁니다.

영어 스피킹,
발음이 중요한 이유

　내일 당장 서비스 현장에서 써먹어야 할 영어를 한다는 차원에서 생각해 보면 하고 싶은 말만 영어로 할 수 있어도 절반 이상은 성공한 셈입니다. 이런 경지에 이르기 위해서는 스크립트를 만드는 작업이 우선되어야 한다고 말씀드렸지요.

　그럼 스크립트를 외우기 위해서는 어떤 방법을 쓰면 좋을까요? 스피킹 연습을 할 때는 절대로 눈으로만 외우서는 안 됩니다. 여러 번 써 본다고 해서 되는 것도 아닙니다. 너무나 당연한 이야기 같지만, 입에 붙을 때까지 입으로 반복해서 외워야 진짜로 외워진 것입니다. 우리가 하는 스피킹 공부는 문제를 풀기 위해 하는 것이 아니라, 입으로 내뱉기 위해 하는 것임을 잊지 말아야 합니다.

　한국어에서 거의 사용하지 않는 근육과 혀의 위치를 활용해 발음을 연습해야 제대로 연습했다고 할 수 있어요. 입안에서 평소에 잘 안되던 영어 발음, 연음이 부드럽게 나올 때 비로소 스피킹 연습의 결과가 효과를 발휘할 수 있습니다. 성인이 된 이후에는 원어민처럼 발음하기는 어렵지만, 최소한 영어식으로 명확하게 발음하려고 노력할 필요는 있습니다.

한국의 서비스 현장에서 쓸 수 있는 이상적인 한국식 영어는 한국식 억양이 남아 있지만, 상대방이 이해할 수 있도록 명확하게 전달되는 영어를 말합니다. 발음을 정확하게 내기 위해서는 혀의 위치를 잘 잡고, 소리를 내는 연습을 하는 것이 중요합니다. 이런 연습이 되어 있지 않으면 자신의 의도와는 다르게 엉뚱한 발음이 날 수가 있거든요.

영어를 할 때 어려워하는 발음 중 하나가 R이지요. R이라는 발음을 하려면 턱을 아래로 밀면서 혀 아랫부분에 힘을 주어 위쪽으로 확 말아 올려야 합니다. 요가할 때 누워서 다리만 드는 동작이 있는데요. 그런 동작은 코어의 힘이 많이 필요하지요. 허벅지 뒤 근육도 적절히 늘어나야 가능합니다. 혀도 마찬가지입니다.

이런 연습이 평소에 잘 되어 있지 않은 상태로 고객 앞에서 막상 혀를 확 꼬려고 하면 뭔가 몸도 꼬이는 것도 같고 어색해집니다. 그렇게 쭈뼛쭈뼛한 상태로 영어를 하면 "Would you like some more 라이스?"라고, 물어봐야 하는 상황에서 "Would you like some more 라이스?"라고, 물어보게 됩니다. 물론 고객이 상황에 따라 알아들을 수도 있지만 이 문장으로만 보면 '밥' 대신 '이' 좀 더 드시겠냐고 물어보는 것이나 다름없죠.

  호텔의 귀빈층 라운지에서 근무하던 시절의 일입니다. 한국어를 잘하시는 교포 고객님이 한국어로 말씀을 잘하시다가 갑자기 "혹시 지금 요걸 있어요?"고 물어보셨어요. '요걸? 요걸? 그게 뭐지?' 하고 잠시 혼란스러웠는데, 알고 보니 'Yogurt'를 말씀하신 거였죠. 한국말을 하다가 갑자기 영어 발음으로 확 바꾸어 말씀하시니 순간적으로 헷갈리더군요. 반대의 경우도 마찬가지입니다. '요구르트'라고 말하면 외국인들은 십중팔구 알아듣지 못할 겁니다.

  이런 이유로 연음과 강세를 잘 지켜 영어식으로 발음하는 훈련을 해야 합니다. 정확한 발음은 상대방에게 의미를 명확히 전달하는 데 핵심적인 역할을 합니다. 발음을 제대로 내지 못하면 고객이 알아듣지 못할 확률이 높아지고, 그렇게 되면 '나의 영어는 별로야'라는 생각이 들면서 자신감마저 떨어질 수 있죠.

  다행히 요즘은 기술이 발전해서 번역기에 스크립트를 입력하면 AI가 척척 읽어주지요. 혼자 고민하지 마시고 AI에게 정확하게 읽어달라고 요청한 뒤, 그 소리를 따라 하며 연습해 보세요. 내 근육이 특정 발음에 익숙해질 때까지 반복하는 것이 핵심입니다.

웅얼웅얼
병을 고치자

서비스 영어 강의를 진행하다 보면, 의기소침하거나 주눅이 든 모습을 보이는 학습자들을 종종 만나게 됩니다. 이유를 여쭤보면 대부분 영어에 자신이 없다고 하십니다.

하지만 이분들의 영어를 들어보면 그렇게 부끄러워할 만한 수준이 아닙니다. 정규 영어 교육 과정을 거치며 나름의 노력으로 외국어 실력을 쌓아왔기 때문에, 서비스에 필요한 기본적인 단어나 표현은 이미 숙지하고 계신 경우가 많습니다.

그런데도 불구하고 왜 외국인 고객과의 영어 대화가 원활하지 않을까요? 그 이유는 여러 가지가 있겠지만, 제가 꼽아보는 대표적인 이유는 바로 '웅얼웅얼 병' 때문입니다.

평소에는 말씀을 잘하시던 분들도 영어로 이야기하라고 하면 갑자기 목소리가 작아지고, 중얼거리거나 자신 없는 태도로 말하는 경우가 많습니다.

서비스 환경은 배경 소음이 있는 경우가 많아, 목소리의 크기와 전달력이 명확하지 않으면 상대방이 잘 알아듣지 못합니다. 대부분의 경우 영어가 정말 잘못되었다기보다 안 들려서 못 듣는 경우가 많답니다.

여기서 잠깐 퀴즈를 하나 드릴게요.

우리나라 사람들은 우리가 하는 영어에 대해 굉장히 박한 점수를 주는 편입니다. 그렇다면 우리나라는 정말 영어를 그렇게 못할까요?

세계적인 관광 대국인 프랑스, 스페인, 이탈리아와 우리나라를 견주어 보겠습니다. 이 나라 사람들이 영어 시험을 본다면 누가 가장 영어를 잘할까요?

한 통계에 따르면, 우리나라 사람들의 영어 실력은 프랑스, 스페인, 이탈리아와 비슷하다고 합니다. 그리고 좋은 소식은 일본과 중국보다는 더 잘한다고 해요.[1] 동북아 쪽에서는 영어 좀 하는 민족이랄까요? 고종이 영어 교육에 공을 들인 보람이 있었네요.

여러분, 이것 보세요. 우리는 영어에 대한 자신감을 회복할 충분

---

[1] The Korea Herald, (2023.12.10), "EF English Proficiency Index: Korea Ranks 49th in Global English Proficiency, Down 13 Spots", https://www.koreaherald.com/article/3266142

한 이유가 있다니까요.

실제로 외국인이 우리나라 사람의 영어를 잘 이해하지 못하는 이유를 영어 자체에서만 찾을 필요는 없을 것 같습니다. 오히려 영어보다는 전달력이 문제인 경우가 많거든요.

너무 긴장하고 주눅이 든 나머지 목소리가 작아지거나 말이 빨라지고 발음이 뭉개지게 되면서 전달력이 떨어지니 고객이 제대로 알아들을 수가 없죠. 이런 경우 외국인 고객이 잘 알아듣지 못하면 자신의 영어를 저평가하면서 자책해 버리게 됩니다.

'악, 나는 영어를 진짜 못해'라는 생각을 하고 계신 분들이 계신다면 그 생각에서 빨리 벗어나시길 바라요. 이 책을 펴신 여러분은 여러 교육 과정과 혼공을 통해 나름 영어 공부를 오래 해왔고 기본적인 영어 단어와 표현을 숙지한 상태라는 것을 잊지 마세요.

지금 필요한 것은, 자신감을 장착해서 발음을 분명하게, 목소리는 잘 들리도록 속도를 조절하며 말하는 연습입니다.

리스닝,
어렵다 어려워!

여러분은 지금까지 어떤 방식으로 리스닝 훈련을 해오셨나요? 다양한 앱이나 유튜브, 영화 같은 자료를 활용해 리스닝 연습을 하고 계시나요? 아니면 토익이나 토플 같은 영어 시험 대비 교재를 이용해 리스닝 공부를 하시나요?

열심히 해도 늘지 않는 리스닝, 답답하시죠? 리스닝은 영어의 끝판왕이라고 불릴 만큼 가장 어려운 과정입니다.

영어는 우리말과 전혀 다른 발음 체계를 가지고 있잖아요. 연음이 많고, 강세는 들쑥날쑥하며, 말은 또 왜 그렇게 빠른지 당황스러울 때가 많죠.

뭔가 리스닝 공부를 열심히 한 것 같은데 잘 늘지 않는 이유가 무엇인지 같이 살펴보도록 합시다.

아래의 문장을 중간에 멈추지 말고 눈으로 매우 빠르게 읽어보세요.

How will you compensate for the inconvenience?

지금 제가 여러분과 하고 있는 연습은 리딩 및 리스닝 테스트입니다. 제가 문장을 빠르게 읽어보라고 말씀드리는 이유는 리딩이 리스닝과 직결되기 때문입니다.

고객이 한 번 말하고 지나가 버린 말은 다시 돌아오지 않죠. 만약 위의 문장을 빨리 읽었을 때 해석이 되지 않았다면 고객이 이 문장을 말했을 때 알아들을 수 있는 확률은 매우 낮습니다.

위의 문장에서 compensate와 inconvenience의 뜻을 모르면 해석이 되지 않을 텐데요. 그런 경우의 문제는 리스닝이 아니라 리딩 문제라고 볼 수 있습니다.

해석은 되는데 들었을 때 안 들리는 것! 그게 바로 리스닝 문제죠.

다른 문장 하나 더 확인해 보겠습니다.

고객이 다음 문장을 빠르게 말했다고 가정해 보고, 눈으로 빠르게 읽어보세요.

Can the hotel accommodate a party of ten?

이 문장이 해석되지 않는다면, 고객이 말했을 때 알아들을 확률은 0%에 가깝습니다. 만약 이 문장이 해석되었다면 리스닝이 되었을 확률도 높아지죠.

물론 해석이 된다고 해서 다 리스닝이 되는 것은 아닙니다. 발음이 익숙지 않거나 영어로 듣고 한국어 의미로 조합하는 연습이 되지 않았을 경우 잘 들리지 않을 수 있는데, 이 부분은 다음 장에서 알아보도록 할게요.

정리하자면, 여러분이 골치 아프게 고민했던 대부분의 리스닝 문제는 사실 리딩에서 시작됩니다. 따라서, 리스닝 실력을 향상시키기 위해서는 리딩 연습이 반드시 병행되어야 합니다.

위에서 살펴본 두 단어, compensate와 accommodate는 환대 산업에서 매우 자주 사용되는 동사들입니다. Compensate는 '보상하다'라는 뜻으로, 서비스에 만족하지 못한 고객에게 보상을 제공할 때 사용됩니다. Accommodate는 '공간을 제공하다, 수용하다'라는 뜻으로, 고객에게 공간을 제공하거나 고객의 요구를 수용할 때 사용됩니다.

혹시 이 단어들의 뜻을 모르셨다면, 현장에서 자주 쓰이는 동사들을 정리해 보는 것도 큰 도움이 될 것입니다. 업무 관련 단어를 많이 쟁여야만 잘 들을 수 있게 됩니다.

단어를 많이 알아야 한다고 해서 단어장으로 달달 외우려고 하지 마시고, 관련 자료를 읽는 양을 늘릴 것을 추천합니다.

리딩을 하다 보면 리스닝도 자연스럽게 좋아진답니다.

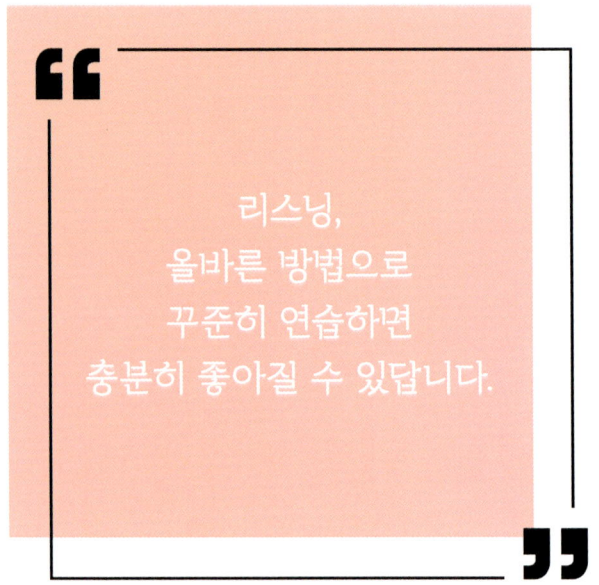

리스닝,
올바른 방법으로
꾸준히 연습하면
충분히 좋아질 수 있답니다.

진짜 리스닝 문제란 이런 것!

태국 출장이 있어 인천공항에 들렀습니다. 비행기 탑승 시간까지 여유가 있어 공항 내 카페에 갔는데, 세계적인 공항답게 외국인이 국내인보다 더 많아 보이더군요.

커피를 주문하기 위해 줄을 서 있을 때였습니다. 제 앞에 있던 외국인이 주문을 마친 후 직원에게 "아 원 바그"라고 말했습니다. 그러나 직원은 그 말을 이해하지 못하고 당황해하며 계속 되물었습니다.

직원이 난처해하는 모습을 보고, 제가 고객에게 "Do you need a bag?"라고 조심스럽게 물어보았습니다. 그러자 그 외국인은 밝게 웃으며 "아, 예스! 예스!"라고 대답했습니다.

그 직원은 이후 또 한 번 난처한 상황에 처하게 됩니다. 이번에는 한 남성 고객이 다가와 "호뜨 코히"라고 주문했습니다. "호뜨 코히" 이것이 무엇일까요? 바로 hot coffee였습니다.

　이것이 바로 제가 말하는 진짜 리스닝 문제가 발생한 상황입니다. 해당 직원이 영어를 못하는 분이 아님에도 특정 단어를 알아듣지 못했던 이유는, 뇌가 coffee를 '커피', '커퓌', 혹은 '커휘'로만 인식하고 있었기 때문이에요.

　우리 뇌는 특정 단어가 어떤 소리로 발음되는지에 대한 사전 정의가 있어야만 그 의미를 이해할 수 있어요. 즉, 아무리 익숙한 단어라도 발음 변형에 대한 경험이 부족하면, 뇌는 그 단어를 소음으로 처리해서 의미를 연결하지 못한답니다.

　리스닝 향상을 위한 팁을 드리자면!
　서비스 현장에서 자주 사용되는 주요 단어들이 어떻게 다양하게 발음되는지를 사전이나 유튜브를 통해 들어보시면 좋습니다. 다양한 국적의 발음을 미리 접해 두면, 서비스 현장에서 훨씬 더 도움이 됩니다. 그리고 그런 단어들이 문장과 조합되었을 때 어떤 소리가 나는지 번역 앱이나 AI를 통해서 자주 들어보면서 연습하면 어떤 발음의 고객이 오시더라도 거뜬하게 응대할 수 있습니다.
　다음 장에서는 리스닝 연습을 효과적으로 할 수 있는 방법에 대해 자세히 살펴보겠습니다.

실무에 도움 되는
리스닝 공부법

그동안 리스닝 공부를 해보기도 했지만, 고객과의 대화 중에 '왜 이렇게 안 들리지?'라는 생각이 드신 적이 있으신가요?

리스닝이라는 것이 조금 공부한다고 나아지는 만만한 상대는 아니지만 적어도 지금 하고 계신 리스닝 공부 방법을 점검해 보실 필요가 있습니다.

먼저, 공부에 활용하고 있는 자료를 살펴봅시다.

토익이나 토플과 같은 영어 시험 대비용 자료를 주로 사용하고 계신 분 put your hands up!

어떤 리스닝 공부든지 모든 리스닝 공부는 안 하는 것보다 훨씬 낫습니다. 그렇지만 토익 또는 토플 교재는 가급적 영어 시험을 준비할 때 사용하시라고 말씀드리고 싶어요.

이런 교재들은 시험 점수를 올리기 위해 만들어져 있고, 매우 또박또박한 발음으로 말을 하죠. 따라서, 실무에서 바로 적용 가능한 리스닝 능력을 키우기에는 다소 한계가 있을 수 있습니다.

물론 시험을 잘 보시는 분들이 현장 리스닝도 잘 하긴 합니다만 현장의 다양성을 생각했을 때 시험을 잘 보는 분들이라도 현장 영어는 더 어려울 수 있습니다.

왜 그런가 하면 그건 바로 현장의 특성 때문인데요. 외국인 중에 아나운서처럼 또박또박 말하는 사람은 거의 없기 때문에 이런 순한 자료로 영어 리스닝 훈련을 하고 현장에 나가면 '뜨악!'하게 되죠. 물론 또박또박한 발음을 익히고 싶어서 이런 교재를 사용하는 것이라면 그건 대찬성입니다.

우리는 서비스 현장에서 필요한 리스닝 스킬을 길러야 하므로 현장의 특성을 이해할 수 있어야 합니다. 먼저 우리나라에 오시는 외래 방문객들의 국적을 살펴보면, 아시아권을 주류로 해서 매우 다양해졌습니다. 인도, 이탈리아, 칠레, 아이슬란드, 홍콩만 보더라도 각각 영어 말투가 다릅니다. 그러니 토익 교재나 교과서에 나오는 북미권의 영어만 익혀서는 다양한 억양과 발음으로 쏟아지는 질문을 알아듣기 어려울 수밖에 없죠.

여기서 잠깐 억양과 발음의 차이를 설명해 드리자면, 억양이란 문장 전체에서 소리의 높낮이가 달라지는 것을 말하는데요. 북미

권의 경우는 문장 끝을 자연스럽게 끌어내린다면 영연방 국가에서는 억양 변화가 더 다양하고 극적인 편입니다. 그리고 발음이란 개별적인 소리가 어떻게 나는지를 의미하죠.

다양한 발음이 머릿속에 없으면 어떤 일이 일어나는지 제가 겪었던 일화를 말씀드려 볼게요.

한국의 호텔에서 호주로 이직했을 때의 일입니다. 인사부에서 근무하게 되었는데, 인사부 매니저와 이야기할 때 유독 이 사람의 말을 알아듣기가 어려운 거예요.

결국 문제가 터진 날이 왔는데요. 한 직원의 이름을 받아 적는 상황에서 이 사람은 뭔가 제가 알아듣지 못하겠는 이상한 이름을 말하더군요. 알고 보니 그 매니저가 H를 "헤이취"로 매우 강하게 발음했던 것이었어요. 저는 졸지에 H도 못 알아듣는 사람처럼 째려봄을 받았는데요. 저는 호주 사람 중에 H를 그렇게까지 강하게 발음하는 사람이 있다는 걸 몰랐던 거예요. 호주 사람이라고 해도 다 같은 호주 발음이 아니죠. 대륙도 넓은 데 얼마나 다양한 발음이 있겠습니까? 한국어의 경우도 마찬가지입니다.

제가 영어 뉴스 기자를 할 때 어떤 기관에 취재하러 간 적이 있었습니다. 한국어를 잘하는 교포분이 통역 자원봉사를 오셨더군요. 행사 전에 그분과 이야기를 나눠보았는데, 한국어 원어민처럼 들렸어요.

　행사가 시작되고 할머니께서 자신이 겪었던 어려움을 묘사하는 증언의 시간을 갖고 있는데, 이 통역 봉사자의 얼굴에 당황한 기색이 역력했습니다. 그 할머니의 말씀을 전혀 알아듣지 못하겠다는 것이었어요. 저에게 도움의 눈길을 간절하게 보내서 그 뒤부터는 제가 통역을 하게 되었답니다. 그 통역 봉사자분은 초고령자의 발음을 들어볼 일이 많지 않았던 것이죠. 그분의 뇌에서 할머니의 발음을 인지하지 못했던 것입니다.

　우리가 모든 억양과 발음을 다 숙지할 수는 없습니다. 그렇지만 적어도 우리 뇌가 다양한 영어 발음에 익숙해지도록 훈련하는 것이 중요한데요. 그 이유는 특정 단어에 대한 음가가 머릿속에 들어 있지 않으면 우리 뇌는 그 소리를 그냥 소음으로 처리해 버리기 때문입니다. 우리 뇌가 처리해야 할 일이 많다 보니 중요한 정보만 받아들이고 불필요한 정보는 스쳐 지나가게 놔둬 버리죠.

　뇌가 어떤 발음을 들었을 때 소음으로 인지하지 않고 '아! 나 이거 아는 거야!'라고 생각해야 그 소리를 조합해서 한국어 의미로 머리에 땅~ 때려주게 되죠. 그럴 때 우리는 '아~ 이 의미구나'라고 이해할 수 있습니다.

　자, 그럼 리스닝 능력 향상을 위해서 다양한 영어를 많이 접해 보아야 한다는 것은 알게 되었으니, 서비스 현장에서 도움이 되는 영어 학습 자료를 살펴볼까요?

저는 영화나, 유튜브 영상, 다큐멘터리, 오디오북 등 동원할 수 있는 모든 자료를 동원해 보라고 말씀드리고 싶어요. 사실 자료는 넘쳐나기 때문에 문제가 되지 않지만, 콘텐츠 선정이 중요할 것 같습니다.

실전 영어를 들어야 한다는 이유로 재미 위주로 제작된 유튜브 영상이나 쇼츠를 시청하는 것은 추천해 드리지 않습니다. 지나치게 캐주얼한 콘텐츠는 슬랭 위주로 구성된 경우가 많아 실무에 도움이 되지 않을 수 있기 때문이에요.

현업에서 리스닝 실력을 가장 빠르게 향상하는 방법은 업무와 직접적으로 연관된 자료를 활용하는 것입니다. 예를 들어, 여행 산업에 종사하신다면 호텔관광영어 비디오, 관광 관련 영어 자료, 여행을 주제로 한 TED 강연, 또는 여행 다큐멘터리, 유튜브 교육 비디오 등을 활용하시는 것이 효과적입니다.

제가 명동에 머리를 하러 다니는데요. 제 담당 스타일리스트가 하루에 한 번은 꼭 외국인 고객이 오신다고 하더라고요. 이런 분들의 경우는 유튜브에서 헤어스타일을 설명하는 튜토리얼 같은 자료를 보시면 매우 효과적으로 영어 공부를 하실 수 있을 거예요.

적절한 자료를 고르셨다면 자막이나 스크립트를 꼭 준비해주세요. 스크립트를 보면서 모르는 단어의 뜻과 발음을 새롭게 익힐 수 있습니다. 단어의 뜻도 알고 해석도 되는데 안 들리는 경우는 발음과 연음이 익숙하지 않은 경우입니다. 어떤 발음을 알아듣지 못하는지 체크하고 싶으시면 괄호 넣기를 해보시는 것도 효과적입니다.

스크립트로 리스닝 공부를 한 후에는 들었던 자료에 최대한 유사하게 따라 말하는 연습을 병행하면 스피킹 실력도 자연스럽게 향상될 수 있습니다. 이 과정을 반복하시게 되면 점차 리스닝도 좋아지고 스피킹도 부드러워지는 것을 확인하실 수 있어요.

리스닝 공부를 했더니 스피킹까지 좋아지는 기적, 경험해 보시길 바라요.

Part 4

서비스 영어의 품격을 높이는 비언어 커뮤니케이션

브랜드 앰버서더의
마음으로

제가 좋아하는 아티스트가 한 럭셔리 브랜드 앰버서더를 하게 되었습니다. 평소에 관심도 없던 브랜드였는데, 이 아티스트와 브랜드가 얼마나 찰떡인지 그 브랜드에 관심이 생기더라고요.

매장 앞에 앰버서더 사진 하나 세워놨을 뿐인데 그 브랜드에 대한 색깔이 명확하게 다가오는 것이 신기했습니다. 물론 이분은 유명인이라서 영향력이 크지만 결국 브랜드의 이미지는 그 브랜드를 대표하는 모든 사람들이 함께 만들어 나가는 것입니다.

서비스 현장에 계신 여러분도 마찬가지입니다. 우리가 어떤 모습, 어떤 말투로 고객을 맞이하는지에 따라 고객이 우리의 서비스와 상품을 바라보는 눈이 달라질 것입니다. 그러니 여러분들이 바로 앰버서더나 다름없습니다.

제가 서비스 영어 커뮤니케이션 수업을 진행할 때, 학습자분들에게 몇 가지 서비스 현장 사진을 보여드립니다. 호텔 로비, 럭셔리 쥬얼리 브랜드, 카페, 비행기, 경복궁 등 여러 상황을 담은 사진을 보여주며 각각의 상황에서 어떤 서비스나 상품을 예상하시는지 여쭤보죠.

제공하는 서비스와 상품에 따라서 고객을 응대하는 방법도 달라져야 한다는 것을 이야기하기 위해 사용하는 일종의 길잡이인 셈이에요. 럭셔리 매장에서 근무하는 분들과 관광통역사분들의 말투나 목소리 크기, 몸짓은 당연히 달라져야 하겠죠.

얼마 전, 한국에 미국 MZ세대 사이에서 큰 열풍을 모으고 있는 패션 브랜드가 상륙했습니다. 추운 날씨에도 매장 앞에 줄을 선다고 해서 리뷰를 쭉 살펴보았는데요. 그 매장에 대한 리뷰 글에 직원들에 대한 이야기가 대부분이었습니다.

이 브랜드는 매장에서 한국어가 필수적으로 필요한 직군을 제외한 모든 포지션을 외국인으로 채워서 매장을 외국 같은 분위기로 연출했다고 해요. 그러다 보니 외국인 직원들과 소통이 되지 않아 불편하다는 원성도 많아 보였습니다. 교환도 제대로 안 해준다는 의견도 많더라고요.

흥미롭지 않나요? 옷 사러 가서 대부분 옷보다는 인적 서비스에 대해 리뷰를 남기고 있단 말이죠?

인적 서비스는 서비스와 상품 제공에 있어서 핵심 중에 핵심입니다. 이런 점에서 보자면 여러분들은 고객이 보시는 무대로 올라가는 것이나 다름이 없습니다.
　나는 단지 서비스와 상품을 제공하는 사람일 뿐, 큰 임팩트는 없는 사람이라고 생각하고 계신다면, 여러분이 그 브랜드의 이미지를 결정하는 핵심 인물이라는 것을 잊지 마세요.
　여러분이 가장 중요한 빛나는 상품 그 자체입니다.

서비스 영어의 진짜 의미:
말과 태도가 함께하는 커뮤니케이션

　서비스 영어를 잘한다고 말할 때, 단지 유창하게 말하는 것만으로 서비스 영어를 잘한다고 생각하는 분들은 거의 없을 것입니다. 서비스 영어는 고객을 위한 언어이기 때문에 그분들에 대한 배려와 전문성이 결여된다면 서비스 영어를 잘한다고 말할 수 없겠죠. 그러므로 고객 앞에서 영어로 유창하게 말하는 커뮤니케이션 스킬을 갈고닦음과 동시에 비언어적인 훈련도 병행해야 합니다. 사실, 비언어적 요소는 언어보다 더 중요하다고 할 수 있답니다.

　알버트 메라비언(Albert Mehrabian)은 저서 『Silent Messages』에서 비언어적 요소(몸짓, 표정, 목소리 톤 등)가 커뮤니케이션에서 93%를 차지한다고 언급했습니다. 이런 관점에서 보자면 대화 내용이 커뮤니케이션에서 차지하는 중요성은 거우 7%에 불과하다는 뜻입

니다.[1]

비언어적 요소가 커뮤니케이션에서 얼마나 중요한지를 입증한 다른 연구 결과도 있습니다. 조지아 주립 대학교의 심리학 교수가 진행한 한 연구에서는 인류가 모국어와 관계없이 동일한 제스처를 공유하고 있다는 것을 밝혀냈습니다.[2]

여러분이 어떤 매장에 들어섰을 때, 직원들의 태도나 옷매무새를 보고 들어가지 말까 싶은 생각이 들었던 경험, 한 번쯤 있으셨을 겁니다. 말을 하기 전에 이미 직원들의 자세나 표정을 통해 서비스 준비 정도를 파악할 수 있지요.

"어서 오세요"라는 한마디에도 많은 뉘앙스가 담겨 있어서 그 한마디만 들었을 뿐인데도 '아 이 집 느낌이 싸한데?'라는 생각이 들 때가 있지요. 이런 예를 통해서 봐도 비언어적 요소는 강력한 메시지를 전달하는 중요한 도구임이 틀림없어 보입니다.

제가 출장 중에 인터내셔널 브랜드를 가진 4성급 호텔에 체크인하기 위해 프런트에 다가갔는데 프런트에 직원이 아무도 없었습니다. 일반적으로 아주 늦은 시간이 아니고서는 직원이 한 명이라

---

[1] Mehrabian, A. (1971). *Silent Messages: Implicit Communication of Emotions and Attitudes*. Wadsworth Publishing.
[2] ScienceAlert. (2024.01.03). "Scientists Find Evidence of a Universal Non-verbal Communication System". https://www.sciencealert.com/scientists-find-evidence-of-a-universal-non-verbal-communication-system

도 있어야 정상인데, 뭔가 이상했습니다. 직원을 기다리고 있는데 한 직원이 주머니에 손을 넣은 채로 터덜터덜 걸어 나오더군요. 그 이후의 서비스 품질은 여러분께 말씀드리지 않아도 아실 것 같아요.

우리는 서비스 영어를 할 때 영어를 잘해야 한다는 생각에 몰두하는 경향이 있습니다. 물론 영어를 전문적으로 사용하는 포지션이라면 고급 영어 능력이 절대적으로 필요하겠지요. 하지만 그 영어도 올바른 마음가짐과 비언어적 요소가 갖춰지지 않으면 실패한 것이나 다름없답니다.

제가 VIP 고객을 대상으로 영어 투어를 진행하는 분들에게 수업을 하면서 이런 질문을 드린 적이 있습니다.

"투어를 하기 전에 어떤 준비를 하면 좋을까요?"

많은 분들이 "스크립트를 틀리지 않도록 더욱 연습해야 한다"고 답하셨습니다.

물론 고객 앞에서 외운 내용을 틀리지 않도록 스크립트를 철저히 숙지하는 것은 중요합니다. 하지만 내가 잘 외워서 끊김 없이 말하는 것을 넘어 고객이 어떻게 보느냐에 더 초점을 맞추면 좋겠습니다. 단지 달달 외워 정보를 전달하는 것은 로봇이 더 잘할 수 있는 능력이죠.

나의 동작은 어떠한지, 목소리는 어떤지, 고객이 내 말을 알아들을 수 있는지, 내 표정이 너무 긴장되어 고객이 투어에 집중하지 못하시는 것은 아닌지 등을 생각해 보아야 합니다.

고객 입장에서 내가 어떤 비언어적 신호를 보이고 있는지 알기 위해서는 동료들의 피드백을 듣는 것도 좋은 방법입니다. 또는 자신의 모습을 비디오 촬영해 보는 것도 효과적입니다.

영상을 통해 자신의 모습을 본 학습자들은 '내가 말할 때 이런다고?'라며 놀라는 분들이 많으세요. 손을 가만히 두지 못하는 분들도 있고, 목소리가 거의 들리지 않는다거나 영어가 막힐 때마다 눈을 위로 굴려 흰 자가 보였다 말았다 하는 분들도 많지요.

지금까지 영어에만 집중하셨다면 93%의 파워를 가진 비언어에 조금 더 신경을 써보도록 합시다.

서비스 영어의 기본:
고객의 신발에 들어가 보기

영어에는 "Be in someone's shoes"라는 표현이 있습니다. 직역하면 '그 사람의 신발 속으로 들어가 보라'는 뜻이지만, 실제로는 '그 사람의 입장이 되어보라'는 의미로 쓰입니다.

서비스 영어를 잘하기 위해 가장 중요한 것은 고객의 상황을 이해하고 공감하는 능력입니다. 예를 들어, '내가 저 고객의 입장이라면 어떨까?'라고 생각해 보는 것이죠. 관점이 바뀌면 더 나은 소통과 서비스를 제공할 수 있기 때문이에요.

제가 서비스 영어 커뮤니케이션 강의에서 종종 사용하는 '역지사지 게임'이 있습니다.

이 게임은 공감 능력을 키우는 데 아주 유용하답니다. 이 게임은 제가 통역을 맡았던 한 성평등 수업에서 영감을 받아 시작하게 되었어요. 당시 강의를 진행하시던 외국인 교수님께서 이 게임을 이용해 학습자들에게 공감의 중요성을 가르치는 모습을 보고, 저도 제 수업에 도입해 봐야겠다고 생각했습니다.

강의가 끝난 후, 교수님께 이 게임을 제 강의에서 활용하고 싶다는 의사를 전하자 흔쾌히 허락해 주셨습니다. 그 후 저는 서비스 커뮤니케이션 수업에서 역지사지 게임을 적극적으로 활용하고 있어요.

'역지사지(易地思之)'는 '처지를 이해하여 가엾게 여기고, 처지를 바꾸어서 생각해 보는 것'이라는 뜻입니다. 이 개념은 머리로만 이해한다고 해서 되는 것이 아니기 때문에 게임을 통해서 고객의 입장이 되어보면 서비스를 받는 분들의 상황을 더 잘 이해하게 됩니다.

이 게임을 시작하기 위해 먼저 다양한 인종, 나이, 상황에 처한 고객들의 역할 카드를 학습자들에게 나눠줍니다. 학습자들은 자신의 역할을 다른 참가자들과 공유하지 않은 채로 해당 역할에 몰입해 봅니다.

'이 사람으로 살아가는 것은 어떤 느낌일까?', '이 사람은 지금 기분이 어떨까?', '어떤 어려움을 겪을 수 있을까?' 같은 질문을 스스로 생각하게 합니다.

그다음 참가자들을 한 줄로 서게 한 뒤, 제가 읽는 설명문에 해당하면 앞으로 한 걸음, 해당하지 않으면 뒤로 한 걸음 물러서게 합니다. 예를 들면 아래와 같습니다.

　　나는 회전문을 편하게 지나갈 수 있다.
　　나는 직원이 작게 얘기해도 잘 알아들을 수 있다.
　　나는 스탠딩 키오스크로 주문하는 것이 편하다.
　　나는 모든 음식을 가리지 않고 먹는다.

게임이 끝나면 참가자들이 모두 다른 위치에 서 있게 되는데요. 왜 그곳에 있는지 물어보고, 해당 역할에 따라 어떤 어려움을 겪었는지 토론합니다.

예를 들어, '보청기를 착용한 37세 캐나다 여성' 역할을 맡은 참가자에게 직원이 작게 이야기했을 때 알아들을 수 있었는지를 묻고, 왜 어려웠는지 설명하도록 유도합니다.

이 게임은 누군가에게는 당연하게 느껴지는 활동이 일부 고객들에게는 얼마나 도전적으로 느껴질 수 있는지를 체감하도록 돕고, 고객의 다양한 상황을 이해하는 데 중요한 시각을 제공합니다.

결국, 서비스 영어의 기본은 '고객의 신발에 들어가 보기'에서부터 시작합니다. 직접 들어가 볼 수는 없지만, 다양한 고객의 상황을 인지하고 선제적으로 대응하는 연습이 필요합니다. '역지사지의 마음', 서비스에 적극적으로 도입해 봅시다.

Listen!

고객과의 커뮤니케이션을 잘하기 위한 방법을 다룬 글이나 강의에서는 항상 '경청'을 강조합니다. 그렇지만 '경청하라'는 말은 이제 너무 많이 들어서 감동도 없는 클리셰(cliché)가 되어 버린 것 같습니다.

경청의 뜻을 사전에서 찾아보면 주요한 두 가지의 뜻을 볼 수 있습니다.

傾聽: 귀를 기울여 들음.
敬聽: 공경하는 마음으로 들음.

이 두 가지를 정리해 보면 경청이란 '상대방의 말에 적극적인 관심을 가지고 공경하는 마음으로 듣는 것'을 의미합니다.

『말과 태도 사이』라는 책에서는 경청을 단순히 귀로 듣는 것이

아니라, 상대와 눈을 맞추고 마음으로 보듬어주는 행위라고 설명합니다.[3]

경청에 대한 설명을 듣고 보니 리스닝은 단순히 귀로만 하는 게 아닌가 봅니다. 고객의 말을 경청한다는 것은 마음을 열고 존중하는 태도로 적극적으로 듣는 것이라고 정리할 수 있겠습니다.

그런데 이 경청이라는 것이 한국어로 하면 그런대로 할 수 있을 것 같은데 영어로 듣는 것이 쉽지 않단 말이죠. 한국어로 고객을 응대하는 것도 쉽지 않은데 영어를 들어야 하니 '듣는 것' 자체가 부담스럽게 느껴질 수 있습니다. 영어가 편치 않은 경우 더 심하게는 외국인 고객을 피하는 경우도 발생하게 됩니다.

얼마 전, 유명한 한식 레스토랑에 갔을 때 옆 테이블에 앉은 외국인 손님들이 직원을 불렀던 장면이 떠오릅니다. 외국인 손님들이 뭔가 요청하려고 했는데, 그 직원은 황급히 다가와 대강의 요청을 듣는 척만 하더니 부리나케 사라졌습니다. 영어로 말하기도 듣기도 싫어하는 것 같은 태도가 너무 뚜렷하게 느껴지더군요.

제가 아는 외국인 교수님도 비슷한 이야기를 하셨습니다. 한국에서 오래 살아 한국어를 꽤 잘하시는데도, 서비스를 요청할 때 직원이 자신의 눈을 마주치지 않으려 하거나 피하는 바람에 곤란

---

3) 유정임. (2023). 『말과 태도 사이』. 토네이도.

했던 경험이 많다고 하소연하시더라고요. 이런 예를 통해서 우리는 '듣기'란 상대방을 듣고자 하는 열린 태도에서부터 시작한다는 것을 알 수 있어요.

스탠퍼드 경영 대학원에서 강의하고 계시는 데브라 쉬프린(Debra Schifrin) 교수님은 『하버드 비즈니스 리뷰』에 리스닝 스킬을 강조하는 글을 썼습니다. 일반적으로 커뮤니케이션에서 말하기를 잘하는 사람이 커뮤니케이션에 능한 사람으로 생각하는 경향이 있지만, 사실 가장 중요한 커뮤니케이션 스킬은 리스닝이라는 것이죠.[4]

잘 듣지 않으면 우리가 갈고닦아온 스피킹 실력을 보여줄 기회조차 얻을 수 없게 됩니다. 혹시라도 내 영어 실력이 부족하진 않을까 걱정이 되어 외국인 고객 앞에서 움츠러든다면, 리스닝은 귀로만 하는 것이 아님을 기억해 봅시다.

잠시 멈춰서 그가 무슨 말을 하려는 것인지 온몸과 마음으로 들어보는 건 어떨까요?

고객과의 소통은 경청에서 시작됩니다.

---

[4] Harvard Business Review. (2024.12.16). "4 Listening Skills Leaders Need to Master". https://hbr.org/2024/12/4-listening-skills-leaders-need-to-master?ab=HP-hero-for-you-text-1

번역기 있는데
무슨 걱정이야?

제가 서비스 영어 교육의 필요성에 관해 이야기할 때마다 듣는 말이 있습니다.

"번역기 쓰면 돼요."

음… 맞습니다. 우리는 바야흐로 AI의 시대에 살고 있으니 번역기라는 편리한 도구를 사용하지 않을 이유가 없습니다. 영어 수준이 매우 부족하거나 영어가 아닌 제2외국어를 사용해야 하는 상황이라면 번역기를 사용할 수밖에 없을 때도 있습니다.

그렇지만 여러분, 번역기는 꼭 필요할 때 도움을 받는 도구일 뿐입니다. 이 도구가 서비스 제공자의 모든 말을 온전히 전해줄 수도 없을뿐더러 기계만 믿고 서비스 연습을 소홀히 해서는 안 되겠죠?

서울의 몇몇 관광 명소에서는 AI 번역 스크린을 도입했는데요. 신문에 찍힌 번역 스크린 뒤의 직원 표정이 너무 무뚝뚝해서 놀란 적이 있습니다. 물론 사진에만 그렇게 찍혔을 수도 있지만, 그 사진을 보면서 중요한 포인트를 떠올리게 되었습니다. 그건 바로 '번역기를 사용하는 과정도 서비스의 일부'라는 점입니다.

번역기 없이 대화를 하는 것이 이상적이지만, 번역기를 꼭 사용해야 하는 상황이라면 기본적인 접객 매너를 잊지 말아야 합니다.

고객의 눈을 바라보고 미소를 지으며 '고객의 편의를 위해 번역기를 사용하고 있다'는 메시지를 전달한다면, 번역기를 사용하는 상황에서도 긍정적인 인상을 줄 수 있을 것입니다.

고객이 번역된 텍스트를 잘 볼 수 있도록 고객 쪽으로 스크린을 돌려드리고 텍스트 크기를 조정한다든지 볼륨을 적절히 설정하여 잘 들을 수 있도록 배려해 드리는 것이 중요합니다.

여행을 좋아하는 지인분이 일본의 산간 지역에 작은 민박집에 투숙했을 때의 이야기를 해주셨어요. 그 여관의 주인은 연세가 있는 할머니였는데, 패드를 들고나오셔서 따뜻한 미소와 함께 번역기를 이용해 고객 안내를 진행하셨다고 합니다. 기계를 사용했지만, 그 과정이 매우 따뜻하고 편리하게 느껴졌다고 하시더군요.

번역기를 사용하는 해야 하는 순간이 있을 수 있습니다. 그런 상황에서 고객을 배려하고 진정성 담긴 태도로 대한다면, 번역기를 효과적으로 활용하면서도 고객 만족을 높일 수 있을 것입니다.

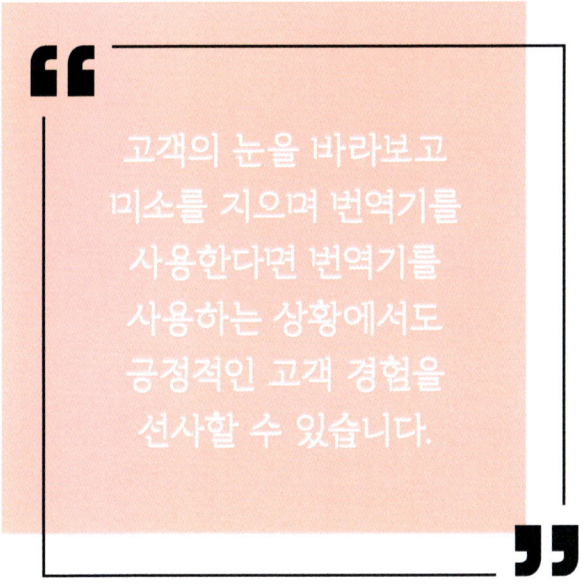

고객의 눈을 바라보고 미소를 지으며 번역기를 사용한다면 번역기를 사용하는 상황에서도 긍정적인 고객 경험을 선사할 수 있습니다.

영어로 돕는 직원,
고객에게 기억되는 순간

제가 박사과정에 있을 때 흥미로운 주제를 가지고 연구를 진행한 적이 있습니다. 서울에 위치한 5성급 호텔들의 트립어드바이저 리뷰를 분석하는 데이터 마이닝 연구였습니다.[5]

이 연구의 목적은 외국인 고객들이 영어 가능 직원을 어떻게 평가하는지, 그리고 이 평가에서 어떤 단어들이 연결되는지를 살펴보는 것이었습니다.

이 연구를 위해서 트립어드바이저에 게시되어 있는 서울 5성급 호텔 리뷰를 모두 크롤링해서 영어 커뮤니케이션에 대한 내용을 담고 있는 리뷰들만 따로 추려내었습니다. 그런 다음 중요성이 높은 단어 간의 연결 관계를 분석해 보았는데요. 분석 결과는 매우

---

5) 김보균. (2022). 『텍스트 마이닝을 활용한 외국인 호텔 고객의 의사소통 만족에 관한 연구』. 세종대학교 박사학위논문.

흥미로웠습니다.

고객 리뷰에서 영어로 응대하는 직원을 묘사하는 두 가지 핵심 형용사가 도출되었어요. 그 단어는 helpful과 friendly였습니다.

Staff - Helpful - Friendly

저는 이 분석 결과를 보기 전에 polite가 가장 많이 나올 것으로 예상했습니다. 그런데 실제 결과에서는 '도움을 주었다', '친근했다'와 같은 단어가 영어 가능 직원과 높은 연결성을 보였습니다.

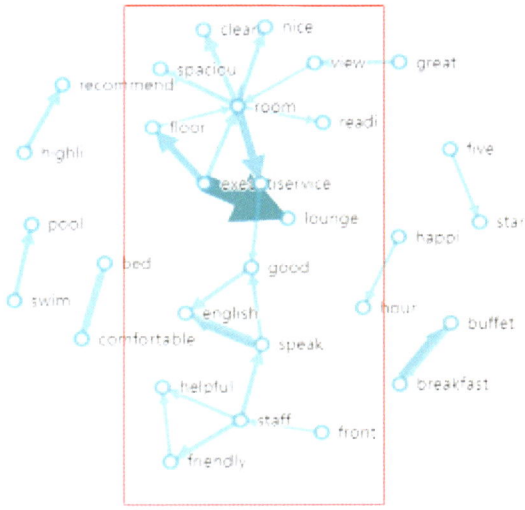

그와 더불어 직원의 영어에 대해 직접적으로 평가하는 부분도 눈에 띕니다.

Staff – Speak – English – Good

'영어를 잘하는 직원이 좋았고, 영어도 잘했다'와 같은 긍정 평가가 연결되어 있음을 볼 수 있습니다.

위의 그림에서 나온 직원들에 대한 주요 단어를 정리해 보면, 고객은 직원들이 영어를 했을 때 '영어를 잘한다', '나를 도와주었고 친근하다'라는 인상을 받는 것을 알 수 있습니다.

저는 이 연구를 통해서 고객들이 서비스 제공자로부터 기대하는 것은 정중한 모습만이 아니라는 점을 확인할 수 있었습니다. 저 자신도 모르게 서비스 제공자는 정중한 태도를 보여야 하고 그런 모습이 친절이나 따뜻함보다 우선되어야 한다는 편견이 있었던 것 같아요. 서비스 현장에서 정중함보다 직원을 더 빛내 주는 품성은 고객에게 영어로 도움을 주려는 태도와 따뜻한 친근함이었던 거죠.

앗 그런데, 여기서 드는 우려가 있네요. 친근하게? 그럼 "What's up?"과 같은 표현을 써도 되는 것인가?

"What's up?"은 미드에서 자주 나오는 표현이죠. 그런데 이 표현이 사용되는 상황을 잘 보시면 처음 만난 고객에게는 쓰지 않습니다. 예를 들어 Bar나 캐주얼한 분위기의 업장에서 자주 오시는 단골에게만 사용을 합니다. 일반적인 고객 응대 상황에서는 적절치 않으니 사용하지 않으시는 게 좋습니다.

요즘은 고객 만족이라는 말을 잘 쓰지 않고, 고객 경험을 더 중요하게 여기는 추세잖아요. 고객에게 '따뜻했다', '친근했다' 는 기억을 남길 수 있다면 우리의 서비스는 성공입니다.

정리해 봅니다.

영어로 외국인 고객을 응대할 때에는 정중한 영어를 사용하되 너무 격식을 차리려 하거나 공손함에만 치중하기보다는, 고객을 진심으로 돕고자 하는 마음을 표현하는 것이 중요합니다.

영어 표현 자체가 완벽하지 않아도, helpful하고 friendly한 태도는 고객의 마음에 더 깊은 인상을 남길 것입니다.

말하지 않아도 알아요~
눈빛만 보아도 알아~

제가 어렸을 적 초코파이를 무척 좋아해서, TV 광고에 나오는 노래를 따라 부르고 다니곤 했습니다. 그래서일까요? 그 가사가 지금도 머릿속을 맴돌곤 합니다.

"말하지 않아도 알아요~ 눈빛만 보아도 알아~ 그저 바라보면~ 음~ 마음속에 있다는걸…"

이 노래 가사는 비언어 서비스의 중요성을 설명하기에 얼마나 찰떡인지 모릅니다.

여러분이 생각하는 비언어적인 서비스 요소는 어떤 것들이 있을까요? 자세, 표정, 복장, 단정함, 목소리 등이 떠오를 겁니다. 앞서 말씀드린 데로 비언어적 요소는 커뮤니케이션의 90% 이상을 차지합니다. 그러니 우리가 고객에게 첫 말을 건네기도 전에 커뮤니케이션의 인상이 정해진다고 해도 과언이 아닐 것입니다.

예전에 5성급 호텔에서 회의가 있어 방문했을 때의 일입니다. 고객 응대 매뉴얼에 따르면 고객이 약 2~3미터 거리 안으로 들어왔을 때는 하던 일을 멈추고, 고객이 1미터 이내로 다가오면 얼굴을 들어 눈을 마주치며 응대하는 것이 일반적인 룰입니다.

제가 갔을 때는 프런트가 붐비지 않은 상황이었는데, 베테랑 호텔리어처럼 보이는 직원이 무언가를 열심히 입력하고 있었습니다. 그런데 너무나 열정적으로 입력을 하고 계셔서 마치 저에게 다가오지 말라는 무언의 메시지를 보내는 듯했죠. 아니나 다를까, 제가 2~3미터까지 다가가도 그분은 업무를 멈추지 않았습니다. 결국 제가 완전히 앞에 서자 그제야 갑자기 고개를 홱 드셨는데, 너무나 인위적인 미소를 크게 지어 보이셔서 당황스러웠습니다. (저도 서비스를 하면서 그런 순간이 있었던 건 아닌지 돌아보는 계기도 되었네요)

그 일을 통해서 고객은 말하지 않아도 많은 것을 느낀다는 것을 다시 한번 느꼈습니다. 그리고 미소도 다 같은 미소가 아니라는 점도 뼈저리게 느끼게 되었어요.

왜 우리는 말하지 않아도 서로 느낄 수 있는 걸까요? 비언어의 중요성을 보여주는 연구 결과를 하나 소개해 드릴게요.

미국의 한 대학에서 진행된 연구에서 터키와 미국 어린이들에게 특정 상황을 준 후 말하지 말고 손짓만으로 설명하도록 요청을 했습니다.

그 결과 각각 터키어와 영어를 사용하는, 전혀 다른 문화권의 어린이들이 놀랍도록 유사한 손짓 순서를 사용했다고 해요. 특히 언어권이 다른 시각장애인들도 유사한 손짓을 사용한다는 것을 확인했습니다.[6]

이처럼 우리 인류는 기본적으로 같은 비언어적 의사소통 체계를 공유하고 있는 것 같습니다. 그러니, 고객을 인정하는 따뜻한 환대의 마음이 있다면 말하지 않아도 그 진심이 몸짓과 태도를 통해 자연스럽게 전달되지 않을까요?

김현경 작가님의 책 『사람, 장소, 환대』에서는 "사람이 된다는 것은 자리/장소를 갖는 것이다. 환대는 자리를 주는 행위이다"라고 설명합니다.[7]

저는 서비스에서 실천하는 환대 정신을 이렇게 정리하고 싶습니다.

'내 마음의 자리를, 나와 같이 존중받아야 할 고객에게 내어 주

---

[6] ScienceAlert. (2024.01.03). "Scientists Find Evidence of a Universal Non-verbal Communication System". https://www.sciencealert.com/scientists-find-evidence-of-a-universal-non-verbal-communication-system
[7] 김현경. (2015). 『사람, 장소, 환대』. 문학과지성사.

는 것.'

　환대 서비스를 제공하는 우리가 이 점을 기억하고, 고객에게 따뜻한 마음의 자리를 나눈다면, 우리의 비언어적 태도 역시 자연스럽게 변화하게 될 것입니다. 그리고 이런 노력은 전 세계 어떤 문화권에서 오신 고객이든 분명히 알아보실 거예요.

　우리 모두는 말하지 않아도 알기 때문이죠.

마법의 긍정 형용사
사용하기

일반화하고 싶지는 않지만, 우리나라 사람들이 표정에 인색한 경향이 있는 것 같습니다.

김혜령 작가님의 『내 마음을 돌보는 시간』에서는 한국 사람들이 희로애락의 감정을 잘 드러내지 않는다고 해요. 감정을 절제하는 태도가 미덕으로 여겨져 온 사회적 분위기 때문이라고 하네요.[8] 아무래도 동양 문화권이 서양에 비해서 감정 표현의 폭이 넓지 않은 것도 영향을 미쳤겠죠.

그래서 그런지 고객을 맞이하는 서비스 제공자들을 살펴보면, 반가운 건지, 기쁜 건지 모르겠는 경우가 종종 있습니다. 심지어 마음과는 다르게 화가 나 보이는 경우도 있어서 안타깝습니다.

외국인 고객이 우리나라 호텔리어들의 영어 서비스에 대해 평

---
8) 김혜령. (2023). 『내 마음을 돌보는 시간』. 가나출판사.

가하는 리뷰를 분석하다가 다음과 같은 글을 읽게 되었어요.

> The front office lady is not really welcoming. Even though she's telling you about the upgrade to a higher category, her face and voice don't show that they are happy to offer it.

이 리뷰를 보면 고객은 호텔 객실을 업그레이드 받았습니다. 보통의 경우는 엄청 기뻐야 하는 상황이거든요. 그런데 컴플레인 리뷰를 적어 놨습니다. 호텔 직원이 객실 업그레이드를 해주면서 표정이나 목소리에서 전혀 기쁜 감정이 느껴지지 않았다고 말하고 있습니다.

이런 상황 너무 억울하지 않나요? 분명히 고객을 위해서 한 단계 더 좋은 서비스를 제공한 것인데 표정 하나로 오해를 받아버렸습니다. 요즘 젊은 세대들이 자주 쓰는 표현을 빌리자면, '억까'를 당한 셈이죠.

아마도 직원은 평소처럼 업그레이드를 제공했을 것입니다. 그리고 제 추측은 평소 하시던 대로 외워 놓은 영어를 기계적으로 읊었지 않았을까 싶어요. 이런 영어 응대를 받은 고객은 직원의 태도와 표현 방식이 기계적으로 느껴졌을 확률이 높습니다. (그리고

아마도 이 고객은 F가 아니었을까 싶기도 합니다)

저도 고객을 응대해 보았지만 어떨 때는 정말 웃을 힘도 없는 날이 있습니다. 서비스 제공자도 사람이기에 밝은 표정을 유지하기 어려운 순간이 많죠. 그렇지만 어쩌겠습니까. 고객 앞에서 힘들어도 웃어야 하는 것이 우리의 숙명인 것을요. 서비스를 무뚝뚝하게 하면 컴플레인이 나고 우리의 하루는 더 괴로워질 수밖에 없죠. 그러니 '아… 오늘 정말 힘 빠진다' 하는 날에는 의도적으로 긍정 형용사를 한번 사용해 보세요.

예를 들어 객실을 업그레이드해 드릴 때 "객실을 업그레이드해 드리겠습니다"라고 형용사 없이 말하면 한국어로도 딱딱하게 들리잖아요. 같은 상황을 영어로 번역하면 "We're upgrading your room"이라고 할 수 있습니다. 이렇게 말하면 '방이 남아서 드리는 거예요' 처럼 형식적으로 들릴 수 있습니다. 그런 경우 받는 사람도 기분이 좋지 않겠죠.

이런 문장에 happy와 같은 초간단 긍정 형용사를 사용하면, 어쩔 수 없이 말하면서 자연스럽게 미소가 지어지게 됩니다.

자 여러분, 한번 말해보세요. I'm happy. 어쩔 수 없이 살짝 입꼬리가 올라가지 않나요?

- We're happy to upgrade your room.
- We'd be happy to upgrade your room upon availability.

또는 happy보다 조금 더 고급스럽게 pleasure를 사용하실 수도 있겠네요.

- It's our pleasure to upgrade your room.
- We're pleased to upgrade your room.

Pleasure 보다 조금 더 '기쁨'을 강조한 표현들도 있습니다. Delighted와 excited를 쓰실 수도 있어요.

- We're delighted to upgrade your room.
  기쁨 강조
- We're excited to upgrade your room for you.
  고객을 위한 특별한 배려를 강조

형용사만 쓰기가 지겹다 싶을 때는 동사 자체를 긍정적인 동사로 사용하실 수도 있겠죠.

- We'd love to upgrade your room for you.
  보다 따뜻하고 친근한 느낌

와… 우리나라 사람들이 love를 쓰는 것은 참 쉽지 않은 일이죠. 간질간질한 느낌이 들지만 영어에서는 쓰셔도 괜찮아요.

심리학 연구자들이 여러 실험을 통해 밝혀낸 바에 따르면, 긍정적인 표정이 부정적인 표정보다 빨리 인지된다고 합니다.[9]

오늘의 업무가 힘들겠지만, 여러분이 살짝 미소만 더해도 긍정적인 표정이 부정적인 태도보다 고객에게 더 빨리 전달됩니다.

그러니 조금만 더 힘을 내어 따뜻한 서비스를 제공해 보아요.

---

9) Leppänen, J. M., & Hietanen, J. K. (2004). "Positive Facial Expressions Are Recognized Faster Than Negative Facial Expressions, But Why?". *Psychological research*, 69(1), 22-29.

호감 가는 목소리란?

고객과 대화할 때 좋은 목소리와 발성을 사용하는 것은 매우 중요한 커뮤니케이션 요소입니다. 목소리는 단순히 정보를 전달하는 도구를 넘어, 고객에게 신뢰를 주고 긍정적인 인상을 남길 수 있는 강력한 힘을 가지고 있기 때문이죠.

제가 tbs eFM에서 영어 뉴스를 진행하던 시절, 뉴스 스크립트를 다양한 방식으로 연습하며 저에게 맞는 목소리를 찾으려고 노력했던 기억이 납니다. 목소리를 낮추거나 높이고, 리듬을 조절하며 저만의 스타일을 발견하는 데는 시간이 필요했어요.

그렇다면 서비스 제공자에게 필요한 목소리는 어떤 소리일까요?

제가 고객 앞에서 영어로 발표하는 업무를 맡은 직원들과 수업을 하다 보면 이런 질문을 종종 받습니다.

"아나운서처럼 말하는 게 좋은가요?"

아나운서처럼 말을 할 수 있다면 성대에도 덜 무리를 주고 또박또박 말할 수 있어서 좋긴 합니다만 상황에 따라 다르겠죠. 여러분 한번 상상해 보세요. 아나운서 톤으로 영어 투어를 제공한다면 얼마나 지루할까요? 물론, 전현무 씨처럼 유머 감각까지 갖춘 분이라면 다를 수 있겠지만, 뉴스 스타일의 딱딱한 발성은 투어나 고객 응대에서는 부자연스럽고 심지어 지루하게 느껴질 수 있습니다. 게다가 감정적인 교감이 필요한 상황에서는 오히려 거리감을 줄 수도 있어요. 특히 투어를 진행하거나 장시간 대화를 이어가야 하는 경우에는 더욱 그렇죠.

그렇다면 서비스 제공자에게 좋은 목소리란 무엇일까요? 그건 바로, 내가 제공하는 서비스와 상품에 잘 어울리면서 고객이 듣기 편안한 목소리를 말합니다. 그런 목소리를 내기 위해서는 여러분이 제공하고 있는 상품과 서비스에 대한 이해가 선행되어야 합니다. 내 목과 몸에 무리를 주지 않는 선에서 자신이 담당하는 서비스에 적합한 목소리를 찾는 것은 성공적인 서비스에서 빠져서는 안 되는 부분이에요.

그럼 이제 어떻게 하면 좋은 목소리를 낼 수 있는지 다음 장에서 알아보도록 하죠.

목소리를
내기 전에

『정년이』라는 드라마를 참 재미있게 봤습니다. 떡목이 될 때까지 피 토하면서 소리를 연습하는 장면이 나와서 맘을 졸이며 봤던 기억이 납니다.

고객 앞에서 오랫동안 말씀해 보신 경험이 있는 분들은 이미 터득하셨겠지만, 목에서 힘을 끌어내서 소리를 키우는 방식은 목소리를 오래 유지하기 어렵습니다. 특히 목을 푼다고 큰 목소리로 "아! 아!" 하면서 목을 긁는 행동은 절대 피해야 합니다.

먼저, 목을 쓰기 전에 어깨, 상체에 쌓인 긴장을 풀어내면서 가볍게 몸을 움직여 보세요. 그리고 목소리를 억지로 목에서 끌어내려고 하지 마세요. 예전에는 '솔'음에 맞추어 "고객님 안녕하십니까"라고 말하는 모종의 획일화된 룰이 적용되었었죠. 이제는 무리하게 높이 말하는 것보다는 자연스러우면서도 편안한 톤으로 말하는 것을 선호하는 추세입니다. 개인적으로 가지고 있는 음성이 다르기 때문에 자신의 톤에 맞춰서 말씀을 하시면 되겠어요.

먼저 목을 오래 사용하기 전에 낮은 소리로 웅얼웅얼 입을 푸는 연습이 도움이 됩니다.

저는 통역하러 가는 길이나 무대에 서야 하는 날에는 매우 낮은 "아~~~~~~" 소리로 도 레 미 파 솔 파 미 레와 같은 다양한 음을 내며 성대를 부드럽게 풀어줍니다. 몸에 힘이 들어가면 성대가 긴장하여 부딪히게 되므로, 목이 쉬기 쉽습니다. 그러므로 성대를 충분히 편안하게 풀어주는 것이 중요합니다.

목을 잘 푸셨다면 다음으로 입을 푸셔야 하겠죠?

영어에서 사용하는 근육과 한국어에서 사용하는 근육은 차이가 있습니다. 입의 모양도 다르죠. 영어는 입을 더 많이 벌리고, 입술과 혀의 움직임이 큽니다. 그리고 턱의 활용도 한국어보다 많아요. 입을 크게 벌리거나 둥글게 모으는 동작을 자주 쓰죠.

반면 한국어는 입을 크게 벌리지 않고 말하므로 혀와 입술의 움직임이 상대적으로 적은 편입니다. 혀의 움직임이 적은 데다 혀의 위치를 평평하게 사용하는 경우가 많아요. 특히, 영어 th 발음의 경우는 한국어에 없는 소리라서 새로운 근육을 써야 하죠.

따라서, 성대를 푼 후에 영어 입 근육을 풀어주시는 것이 좋습니다. 입을 양쪽으로 벌리거나 입을 크게 벌려서 잘 안 쓰던 근육을 쓸 준비를 해주셔야 해요.

발음의 명확성을 높여주는 발음도 연습해 보시면 좋은데요. 예를 들어, Q, E, Q, R과 같은 발음을 반복하며 한국어를 사용할 때 잘 쓰지 않는 근육을 활성화시킬 수 있습니다.

이 발음을 연습하실 때는 소심한 입 동작으로 q, e, q, r이라고 읽어서는 전혀 효과가 없습니다. 이 연습을 할 때 소심하게 읽는 분들의 소리를 들으면 영어를 말하고는 있지만 완전히 한국어처럼 들립니다. 따라서, 입을 크게, 크게 움직이면서 Q! E! Q! R! 이라고 발음하시면서 입을 풀면 좋습니다. 특히 R 발음을 연습하실 때는 혀를 뒤쪽으로 말아 넣는 것이 핵심입니다. 혀끝이 윗니나 입천장에 닿지 않으면서 살짝 뒤로 말아줄 때 자연스러운 R 발음을 하실 수 있어요.

반기문 사무총장님이 공식 석상에서 말씀을 하시기 전에 감기가 걸려서 죄송하다며 농담으로 연설을 시작하시는 걸 본 적이 있습니다. "I'm sorry. My voice is froggy today"라고 말씀하시더라고요.

수어나 문자로 정보를 제공하는 경우를 제외하고 대부분의 경우 서비스 정보는 말로 제공되지요. 목소리는 정보를 담는 그릇입니다. 혹시 지금까지 목소리의 중요성에 대해 별 신경을 쓰지 않으셨다면, 조금 더 잘 다듬어서 고객에게 편안함과 전문성을 전달할 수 있도록 노력해 봅시다.

내 영어 목소리 마주하기

저의 서비스 영어 커뮤니케이션 수업에서 많은 분들이 가장 싫어하면서도 동시에 가장 좋아하는 활동이 하나 있습니다. 그건 바로 자기 모습을 녹화하거나 목소리를 녹음해 보는 겁니다. 이런저런 방법을 써봤지만, 자신의 모습을 보고 스스로의 부족한 부분을 직접 확인하는 것만큼 큰 변화를 가져오는 활동도 없는 것 같아요.

내가 생각했던 나의 영어 목소리와 제삼자의 입장으로 듣는 목소리는 크게 다르게 느껴집니다. 녹음을 들어보면 목소리 톤, 높낮이, 크기, 영어 발음 등을 객관적으로 평가할 수 있기 때문에 처음에는 마주하기 어렵게 느껴질 수 있습니다. 하지만 이 과정은 자신의 장단점을 파악할 수 있는 매우 효과적인 방법입니다.

이 과정에서 가장 중요한 것은 비판이 아니라 이해의 자세로 자신을 바라보는 것입니다. 녹음을 듣고 '내 목소리가 왜 이렇게 이상하지?'라고 스스로를 비난하기보다는, '어떤 점을 개선할 수 있을까?'라는 마음가짐으로 접근해야 하죠.

예를 들어, 목소리 톤이 지나치게 낮다면 조금 더 생동감 있게 조정해 본다거나, 발음이 부정확하다고 느껴진다면 특정 소리에 더 신경 써 볼 수 있겠죠. 이러한 자기 점검은 단순히 자신의 약점을 보완하는 데 그치지 않고, 강점을 발견하고 이를 더욱 살리는 계기가 되기도 합니다.

얼마 전 경복궁에 갔다가 우연히 영어 투어를 진행하시는 분의 설명을 들을 기회가 있었습니다. 영어 콘텐츠 자체는 매우 훌륭했지만, 반복된 어조와 힘없는 목소리가 다소 단조롭게 느껴져 아쉽다는 생각이 들었습니다.

비슷한 서비스를 반복적으로 제공하다 보면 나의 강점과 약점이 무엇인지 인지하지 못하고 습관적으로 말하게 되죠. 듣는 사람의 입장에서 여러분의 목소리를 평가해 보시면 향상해야 할 부분이 눈에 띌 겁니다.

녹음된 자신의 목소리를 반복해서 들어보는 과정은 처음에는 손발이 오그라들겠지만 꾸준히 듣다 보면 '이 부분은 예전보다 훨씬 잘했네!'라고 느끼는 순간이 점점 많아질 것입니다.

지금 하고 있는 나의 서비스 영어가 어떤지 오늘 한 번 녹음이나 녹화를 통해 점검해 보시는 건 어떨까요? 자신을 더 잘 이해하고 발전시킬 수 있는 전환점이 될 것입니다.

커뮤니케이션 스킬,
상황에 따라 카멜레온처럼

통번역대학원 수업 중에 유명한 통역사 교수님께서 공부량이 적은 학생들을 꾸짖으면서 이런 말씀을 하셨어요.

"너희가 나보다 바빠? 나도 공부하는데 너희는 왜 안 해? 너희들 내 스케줄이 어떤지 들어볼래?"

통역사가 되면 통역만 하는 줄 알았는데 감사하게도 통역이라는 접점을 통해 동시통역사, 영어 MC, 영어 방송, 강의를 할 수 있는 기회가 주어졌습니다. 그런데 이 일이 다 비슷비슷해 보여도 각각의 업무에는 고유한 특징이 있습니다. 따라서, 각각의 업무에서 목소리의 음색, 크기, 그리고 목소리에 담긴 감정을 조절해야 하죠.
학생들을 위한 강의 영상을 찍을 때는 밝고 또렷한 목소리를 사용합니다. 동시통역을 할 때는 헤드폰으로 들어오는 원음을 정확히 들어야 하기에 저의 목소리 볼륨을 줄일 수밖에 없습니다. 영어 MC로 큰 무대에 설 때는 행사장의 끝까지 목소리를 던진다는 느낌으로 풍성하고 힘 있는 소리를 내려고 노력합니다. 현장 강의를 할 때는 목소리의 강약을 조절해 학생들의 집중을 이끌어 내죠. 영어 방송에서는 또랑또랑하고 명확한 발화가 생명입니다.

이렇듯, 여러분이 하고 계시는 업무의 특성에 따라 커뮤니케이션 스타일이 달라질 수 있습니다. 공간의 특성, 고객의 특징, 서비스의 성격과 상황을 파악하여 적절한 목소리 톤과 볼륨을 선택하는 것이 중요합니다.

예를 들어, 조용한 로비에서는 부드럽고 낮은 목소리로 고객을 응대하는 것이 적합합니다. 특히 고객에게 객실 번호를 큰 소리로 말하는 실수는 절대로 피해야 합니다.

반면, 야외에서 투어를 진행할 때는 주변 소음을 이겨내고 모든 고객이 들을 수 있도록 명확하고 힘 있는 발성이 필요합니다. 소음이 있는 비행기 내에서 일하는 승무원의 경우도 또렷하고 명확한 발화로 탑승객에게 필수적인 정보를 제공할 수 있어야 합니다. 특히 비상 상황에서는 "짐을 버리고 내려주세요"라고 말하지 않고 "짐 버려! 내려!" 이렇게 반말로 소리를 쳐야 하죠.

다수의 고객에게 설명하는 경우에는 고객과의 거리를 고려해 목소리 크기를 조절하거나 마이크와 같은 장비를 적절히 활용하는 것도 효과적인 방법입니다. 혹시 장비 없이 많은 고객에게 발표를 해야 하는 경우에는 우리의 몸이 악기라고 생각하시면 좋습니다. 몸에 공기를 넣어서 이 공기가 머리와 코, 목, 배 등에서 뻗어 나간다고 생각하시면 조금 더 풍성하고 편안한 소리를 낼 수 있습니다.

서비스 상황뿐만 아니라 고객에 따라 커뮤니케이션 스타일을 조절해야 하는 경우도 있습니다. 서비스를 이용해 본 경험이 많은 고객에게는 수준 높은 스타일의 커뮤니케이션을 사용하는 반면, 신규 고객에게는 단순하고 쉽게 커뮤니케이션을 하는 것이 좋습니다.

여러분이 계신 곳, 제공하는 서비스, 응대하는 고객에 따라 다양한 색깔로 커뮤니케이션하는 카멜레온이 되어 봅시다.

Part 5

서비스 영어를 완성하는 실전 팁

재방문 고객을
재방문 고객이라 부르지 못하고…

한 수업에서 고객의 상황에 들어가 보는 역지사지 게임을 진행했을 때였습니다.

한 참가자의 역할이 이렇게 설정됐죠.

- 50세 미국인 남성, (새로운) 한국 여자친구와 함께 호텔에 재방문한 상황.

게임이 끝난 뒤 그 역할을 맡았던 분께 이 남성에게 "Welcome back, sir!"이라고 맞이하면 기분이 어떨 것 같냐고 물었더니, 여자친구도 옆에 있는 상황이니 반갑게 맞아주어서 자랑스러울 것 같다고 답하시더군요.

정말 그럴까요? 글쎄요. 사람에 따라 다르지 않을까요? 어떤 분은 이 상황을 자랑스러워할 수도 또는 불편해할 수도 있습니다.

재방문 고객(repeat guest)에게 "Welcome back, sir/ma'am!"이라고 인사하는 것이 정형화된 패턴이기는 하지만, 모든 상황에서 고객을 그렇게 맞이할 필요는 없습니다.

어떤 고객은 새로운 여자친구에게 자신이 이 호텔의 재방문 고객임을 과시하고 싶어 할 수도 있겠지만 어떤 고객은 새로운 동반자에게 자신이 이곳을 여러 번 방문했었다는 사실을 굳이 알리고 싶지 않을 수도 있습니다.

저라면 이런 모호한 상황에서 절대로 "Welcome back, sir!"이라는 무리수를 두지 않을 것 같아요. 혹시라도 고객이 불편할 수 있기 때문에, 눈짓이나 미소로 환영의 뜻을 전하며, 고객의 반응을 살피는 것이 좋겠습니다. 고객이 반응을 보이지 않는다면, 처음 뵙는 듯한 태도로 응대해야 합니다.

만약 재방문 고객임을 알고도 신규 고객처럼 응대해야 하는 상황이라면, Welcome back 대신 다른 환영(greeting) 메시지를 준비해야겠지요?

- Good evening, sir. It's a pleasure to have you with us today!
- Welcome to [Hotel Name]! How may I assist you today?

위와 같이 빠른 판단이 어려운 상황에서는 제시해드린 중립적인 환영 인사를 하시는 것이 좋습니다.

이렇듯 서비스 영어는 표현만 외운다고 되는 일은 아닌 것 같습니다.

서비스 영어에 '눈치 작전'이라는 수업도 넣어야 할까 싶습니다.

Good morning, sir!
나 남자 아니거든?

호칭과 관련해서 제가 제대로 실수했던 민망한 경험담을 하나 말씀드릴게요.

호주의 한 호텔 프런트에서 근무를 하고 있었을 때였습니다. 체크아웃이 한창 진행되고 있던 평범한 아침이었습니다. 젊은 남자분으로 보이는 고객이 여자 친구처럼 보이는 분과 함께 걸어오시길래 저는 자연스럽게 "Good morning, sir!"라고 아침 인사를 건넸습니다.

그런데 그분이 매우 당황스럽다는 듯이 "Good morning, ma'am!"이라고 황급히 정정하시더군요. 정신 차리고 보니, 여자분 같기도 했습니다. 저는 "Oh! I'm terribly sorry! Good morning, ma'am. How can I help you?"라며 정중히 사과하고 업무를 이어갔습니다. 더 좋은 표현들이 있었지만 상황이 너무 terrible해서 바로 terribly라는 부사가 튀어나오더군요.

겉으로는 아무 일 없었던 것처럼 다시 고객을 대했지만, 큰 실수를 한 것 같아서(실제로 엄청난 실수임에는 틀림없고) 마음이 조마조마한 상태로 서비스를 마무리했던 기억이 나네요. 영어 표현처럼 마치 나비가 제 뱃속을 휘젓고 다니는 것 같은 느낌이 들었습니다(I felt like I had butterflies in my stomach).

서비스를 마치면서 제 안의 전문성을 최대한 끌어올려 그분께 드렸던 불쾌감을 만회하려고 노력했지만, 고객의 표정을 보니 저의 서비스는 이미 돌아올 수 없는 강을 건넌 듯 보였습니다. 그 일로 인해 서비스 상황에서 호칭의 중요성과 이를 잘못 사용했을 때의 여파를 절감했습니다.

지금 이 글을 읽는 분들 중에는 '남자처럼 보이는 여성이나 여성처럼 보이는 남성을 어떻게 구분하라는 거야?'라는 생각을 하시는 분들도 계실 겁니다. 하지만 호칭은 너무나 중요하기 때문에 외모만으로 성별을 단정 짓는 실수를 해서는 안 된다는 걸 말씀드리고 싶어요. 겉으로 보이는 성(sex)과 젠더(gender)는 다를 수 있다는 점을 인지하시면 좋을 것 같습니다.

그렇다면 이런 유사한 상황이 발생했을 때 여러분들은 어떻게 하시는 게 좋을까요? 서비스를 제공하는 시점에서 고객의 성별이 확실치 않다면, 아예 성이나 젠더를 구분 짓는 호칭을 피하는 것이 가장 안전합니다.

성별이 확실치 않을 때는 sir/ma'am을 빼고, "Good morning! How can I help you?"로 깔끔한 인사를 건네시는 게 더 좋습니다.

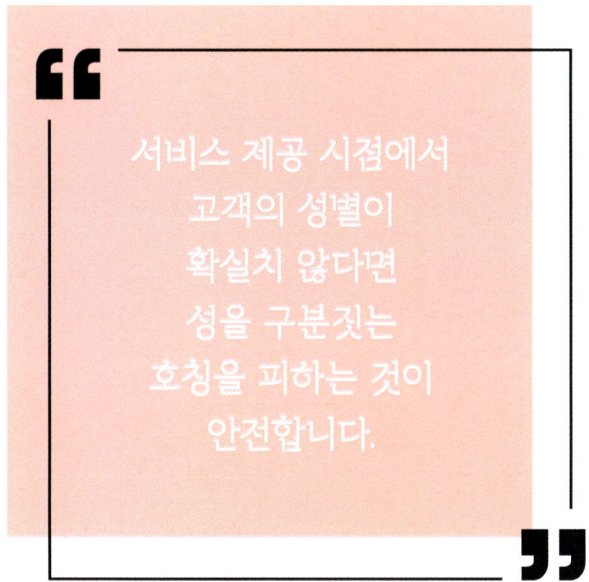

서비스 제공 시점에서 고객의 성별이 확실치 않다면 성을 구분짓는 호칭을 피하는 것이 안전합니다.

그가 나의 이름을 불러주었을 때
나는 남자가 되었다?

고객을 글로 맞이해야 할 때, 영어 호칭 사용은 더욱 어려워집니다.

우리나라 말에는 성별과 상관없이 사용할 수 있는 '님'이라는 엄청나게 편리하고 멋진 한 글자 호칭이 있지요.

제가 Airbnb에 문의를 했을 때 전화를 걸어온 직원이 "보균 님"이라고 성을 빼고 이름을 불러주어서 거리감도 좁혀지고 오히려 좋더군요. 아름다운 한국어에 있는 멋드러진 '님' 덕분에 한국어로 환영 메시지를 작성할 때는 큰 고민을 할 필요가 없어요.

하지만 영어에서는 절대 그렇지 않죠. 특히, 저처럼 이름만 봐서는 남자인지 여자인지 성별을 알기 어려운 경우, 영어로 호칭을 표기하기가 쉽지 않습니다.

몇 년 전 부산에 출장을 갔을 때 실제로 저에게도 그런 일이 생졌습니다. 긴 회의를 마치고 체크인을 한 객실 TV에 고객을 환영하는 메시지가 떠 있더군요.

그런데 그 메시지는 다음과 같았습니다.

Dear. Mr. Bokyun Kim! We're delighted to welcome you!

뜨악!

저도 호텔에서 근무할 때 Mr.인지 Ms.인지 확실치 않은 이름 앞에서 환영 메시지를 어떻게 넣을까 고민했던 기억이 납니다. 직원들에게 "이 사람 여자 같아 남자 같아?"를 물어보면서 같이 궁리했던 기억도 나네요.

제 이름을 앞에 둔 호텔리어도 적잖이 고민하셨겠습니다만, 성별을 모르는 분의 호칭을 적을 때는 정말 조심하셔야 해요. 이름이 남자 같으니까 남자겠거니 하고 Mr.를 남발해서는 안 됩니다.

호칭이 명확하지 않을 때는 차라리 "Dear Kim, We're delighted to welcome you!"처럼 Dear와 성을 붙여서 사용하는 것을 권해드립니다. 물론 이런 방법이 있다고 해서 고객의 호칭을 사전에 확인하려는 노력을 게을리해서는 안 되겠죠? 따라서 예약을 받을 때 호칭을 어떻게 부를지에 대한 정보를 함께 받으시면 좋습니다.

'바쁘다 보면 그럴 수도 있지, 그게 뭐 대수야?'라고 생각하신다면 "오, 노노!" 여러분~ 서비스는 디테일이 생명이랍니다.

"내가 그 이름을 불러주었을 때 그는 나에게로 와서 꽃이 되었다." 김춘수 시인의 유명한 시『꽃』의 한 구절이죠. 이름을 불러준다는 것 자체가 존재를 인정해 준다는 사실을 말하고 있어요. 그러니 이름을 잘 부르는 것은 매우 중요합니다.

고객에게 호칭은 단순한 이름이 아니라, 그들의 아이덴티티를 반영하는 중요한 의미를 가지고 있습니다. 따라서 외모나 나이와 관계없이 고객이 "저를 이렇게 불러주세요"라고 하면 반드시 그 요청을 존중해 주셔야 합니다.

예를 들어, 전문직에 종사하는 고객 중에는 자신을 항상 Prof. 라고 불러달라거나 절대 Ma'am으로 부르지 말고 Dr.라고만 불러달라고 요청하는 경우도 있습니다. 지위가 높은 분들일수록 자신의 타이틀을 중요하게 생각하는 경향도 있으니 이 점 기억해 두시면 좋겠습니다.

특히 국가를 대표하는 고위 공직자들이 방문했을 때는 호칭 사용에 더욱 주의해야 합니다. 단순히 남자는 Mr., 여자는 Ms.를 사용해서는 절대 안 됩니다. 그분들의 현재 직급에 맞게 불러주셔야 하는데요.

대화 중 호칭을 부를 때는 이렇게 사용합니다.

- 대통령 (President): Mr./Madam President
- 대사 (Ambassador): Ambassador [Last Name]
- 교수 (Professor): Professor [Last Name]
- 기타 직함이 있는 인사: 해당 직책과 성을 함께 부르는 것이 일반적 (예: Chairman Lee, Governor Park 등)

격식을 차려야 하는 공식적인 서면 메시지에서는 다음과 같은 형식을 사용하는 것이 적절합니다.

- 대통령: Your Excellency, President [Last Name]
- 대사: Your Excellency, Ambassador [Last Name]
- 일반적인 공식 인사: Dear Prof. Kim, Dear Dr. Lee 등

만약 자주 오시는 고위급 고객과 격식을 유지하면서 친근함을 더하고 싶을 때는 다음과 같이 표현할 수도 있습니다.

예를 들어 대사님의 경우:
- Welcome back to [Your Property], Ambassador [Last Name]
- It's a pleasure to welcome you again, Ambassador [Last Name]

호칭은 단순한 언어적 표현이 아니라, 고객의 지위를 인정해 주는 상징성을 갖습니다. 고객의 지위와 선호를 반영한 호칭을 세심하게 맞추어 불러줄 때 여러분의 서비스 영어 품격도 올라갑니다.

발음이
잘못됐어욜r

영어는 만국 공통어입니다.

앞서 말씀드린 것처럼, 전 세계의 영어 가능 인구 중 원어민은 26%에 불과하므로, 영어는 더 이상 원어민의 전유물이 아닙니다. 따라서 우리가 사용하는 영어는 글로벌 영어입니다. 원어민의 발음만이 인정받는 시대는 지나갔으니 한국식 영어에 충분히 자부심을 가져도 됩니다.

그런데 여기서 한 가지 오해하지 말아야 할 부분이 있습니다. 한국식 영어를 한다는 것이 '영어를 한국어처럼 한다'는 뜻은 아닙니다.

영어를 할 때 한국인의 악센트가 묻어나는 것은 어쩔 수 없습니다만 최대한 영어 발음 기호에 맞게 말하려고 노력해야 한다는 거죠. 발음은 명확성과 직결되어 있기 때문에 발음을 향상시킬 수 있는 노력을 해야 합니다.

원어민처럼 영어를 하려고 갖은 노력을 할 필요까지는 없고 그렇게 될 수도 없습니다만, 굳이 잘못된 발음을 계속 사용해서 고객을 혼란스럽게 만들 필요는 없답니다.

발음을 향상해야 하는 이유는 바로 발화자인 여러분을 위해서입니다. 좋은 발음은 정보 전달의 명확성을 높여주기 때문에 스피킹 자신감과도 직결이 됩니다.

강의를 해보면, 많은 학습자분들이 R 발음을 어려워하세요. 특히, R 발음이 모음과 연결되면 발음이 더 어려워지죠. 예를 들어, First와 Fourth를 구분해서 발음하는 것이 쉽지 않죠. 여러분 한 번 해보시겠어요?

한국의 영어 학습자들은 일반적으로 말의 어미를 살짝 흘려 말하는 경향이 있습니다. 예를 들어, "1층으로 가세요"라는 안내를 "Please go to the firs(t) floor…"라고 문장의 끝을 흐리면서 말하는 경우를 종종 볼 수 있습니다. 이렇게 말하면 고객은 안내받은 층이 First인지 Fourth인지 헷갈릴 수밖에 없습니다. 이런 상황에서 같은 단어를 반복해 봐도 고객은 여전히 이해하지 못할 가능성이 높습니다.

어려운 발음은 꾸준히 연습해서 개선해야겠지만, 당장 명확성을 향상하기 위해서 보디랭귀지를 적극적으로 활용하는 것도 좋은 방법입니다.

   층을 안내하실 때는 손가락으로 1 또는 4를 보여주면서 설명하면, 발음이 조금 명확하지 않아도 고객은 '아~~ First~! Fourth!'라고 찰떡같이 알아들으실 겁니다. 방향을 알려주실 때도 "Left", "Right"를 말하면서 손가락을 펴서 방향을 지시하시는 것이 훨씬 효과적입니다.

   보디랭귀지와 더불어 발음의 명확성을 높이면 전달력이 크게 향상될 수 있는데요. 먼저 입의 근육을 풀어주신 후 영어 발음을 하면 조금 더 명확하게 발음할 수 있습니다.

   입 근육을 풀어도 발음이 잘 안되는 단어들이 있을 텐데요. 그건 단순히 근육만의 문제가 아니라, 뇌가 그 발음이 어떤 소리인지를 잘 인지하지 못해서 명령을 제대로 내리지 못하는 경우일 수 있습니다. 따라서, 업무에서 자주 사용하는 단어들은 꼭 사전이나 발음 훈련 앱을 통해 다양한 발음을 들어보시길 추천 드립니다.

   몇 가지 쉬운 단어로 발음 테스트를 해봅시다.

   Aunt 어떻게 읽으시나요? 이 단어를 보았을 때, 개미를 말하는 '앤트'라고 발음해도 되는지 아닌지 갈등이 생기시나요? 일부 지역에서는 '앤트'라고 발음하기도 하고 '안트'라고 발음하기도 합니다.

그리고 이 '애'에 해당하는 발음은 한국어에 없는 소리랍니다. 한국어에서의 '애'보다 입을 가로로 크게 벌려야 그 발음을 낼 수가 있어요.

February는 어떻게 읽어야 할까요? 이것 역시 '페브루에리'라고 읽기도 하지만 북미에서는 '페뷰에리'처럼 들리는 경우가 많아요.

어떤 단어를 마주했을 때 갈등 시간이 길어지면 스피킹에 지연이 생길 수밖에 없습니다. 그러니 현장에서 많이 사용하는 단어들의 영어 발음을 자주 많~~이 들어보시는 게 중요합니다.

그리고, 마지막으로 당부 말씀. 현장에서 긴장이 되어 발음이 잘되지 않을 때는 너무 입에만 의존하지 마시고 손동작이나 보디랭귀지를 병행하서서 전달력을 높이는 방법을 활용하는 것 잊지 마세요!

내 영어, 이왕이면
조금 더 고급스럽게

한국어로 무언가를 요청할 때 상황과 격식에 따라 다양한 표현을 사용하는 것처럼, 영어에서도 여러 가지 뉘앙스에 맞는 표현을 활용할 수 있습니다.

예를 들어, '조용히 해달라'는 요청을 할 때 "조용히 해주세요.", "조용히 해주시면 감사하겠습니다", "목소리를 낮춰 주시면 감사하겠습니다", "대화를 삼가시길 당부드립니다" 등으로 표현할 수 있죠.

영어에서도 같은 상황에서 다음과 같은 표현을 사용할 수 있습니다.

- Please be quiet.
- Could you please be quiet?
- I would appreciate it if you could be quiet.
- I would appreciate it if you could lower your voice a

little bit.
- I would appreciate it if you could refrain from having a conversation.

어떠신가요? 요청의 표현이 점차 고급스럽고 공손해지는 것이 보이시죠?

위의 표현 중에서 여러분이 꼭 기억해서 자주 쓰셨으면 하는 표현은 would appreciate it if~입니다. 이 표현은 '~해주시면 감사하겠습니다'라는 뜻을 가지고 있어, 상대방에게 공손하면서 기분 나쁘지 않게 요청할 수 있는 표현입니다.

처음에는 I would appreciate it 또는 줄여서 I'd appreciate it 라는 표현을 사용하는 것이 익숙하지 않을 수 있습니다. 하지만 이런 표현을 기억해 두셨다가 상황에 따라 적재적소에 사용하신다면, 같은 요청이라도 훨씬 부드럽고 세련되게 하실 수 있답니다.

고객에게 도움을 제안할 때도 다양한 표현을 사용하실 수 있어요. '가방을 들어드리겠습니다'라는 표현을 할 때도 여러 가지 표현을 사용하실 수 있죠.

- Do you want me to carry your bag?
- Shall I carry your bag?

- May I assist you with your bag?
- Would you like me to carry your bag?
- Would you mind if I carried your bag?

위의 문장 중 하나 눈여겨보셨으면 좋겠는 표현이 있는데요, 그건 바로 Would you mind? 입니다. 이 표현은 '제가 ~하면 불편하신가요?'라고 여쭤보면서 고객의 허락을 구하는 질문입니다. 따라서, 고객이 "No"라고 대답하면, '아니요, 불편하지 않아요'라는 뜻이니 당황하지 마시고, 가방을 들어드리면 되겠습니다.

가방 이야기를 하다 보니 재밌는 에피소드가 떠올라서 하나 공유해 드릴게요.

제가 아주 중요한 스포츠 이벤트의 통역을 맡은 적이 있습니다. 세계적인 스포츠 조직의 회장님이 한국에 그냥 오신 것도 아니고 무려 전세기를 타고 도착하셨습니다. 저와 대기 중인 업체 직원들 모두 바짝 긴장을 했고, 호텔리어들도 VIP 환영을 위해 현관에서 대기하고 있는 상황이었습니다.

차에서 내려서 비서가 회장님의 짐 가방을 들고 서 있었는데, 회장님이 "짐 내가 들게" 하시니까 그 비서는 1초도 안 돼서 그 큰 가방을 냅다 바닥에 '툭' 내려놓더라고요. 저는 그 순간 움찔! 하며 회장님의 노발대발 또는 적어도 째려봄 정도를 기대했습니다. 그런데 회장님은 너무나 쿨하게 땅에 덩그러니 놓여 있는 큰 짐을 들고 로비로 성큼성큼 들어가 버렸습니다. 한국과 너무 다른 모습에 신선한 문화 충격을 받았던 기억이 나네요.

위의 회장님처럼 본인의 가방을 직접 들어야 마음이 편한 고객들도 있고, 자신의 물건, 가방 등을 다른 사람이 만지는 것을 싫어하시는 분들도 간혹 계십니다.

따라서, 혹시라도 고객에게 도움을 주실 일이 있을 때는 고객의 짐을 덥석 들지 마시고, 오늘 배운 고급스러운 표현을 활용해 고객에게 의견을 여쭤보고 드실 것을 당부드립니다.

Would you mind if~?

고객님
고마워요

서비스 현장에서 가장 많이 쓰는 표현이 있죠.

"감사합니다."

고객에게 감사하다는 마음을 전할 때 가장 쉽게 떠올릴 수 있는 표현이 "Thank you"입니다.

"Thank you for flying with us", "Thank you for calling"과 같이 thank you와 for를 붙여서 감사를 표현합니다. 그런데 thank you도 한두 번이지, 반복해서 사용하면 다소 단조롭게 느껴질 수 있겠죠. 그렇다면 고마울 때 thank 말고 어떤 표현을 쓰면 좋을까요?

앞으로는 appreciate를 활용해 봅시다.

앞서 I would appreciate it if라는 구문을 통해 '~해주시면 감사하겠습니다'라는 정중한 요청 표현을 살펴보았는데요. Appreciate는 그런 상황 외에도 '~해주셔서 감사합니다'라는 감사를 표현할 때도 자주 사용됩니다.

Appreciate를 사용하실 때 주의하셔야 할 점은, thank you for와는 달리 appreciate 다음에 for를 붙이지 않는다는 겁니다. 일반적으로는 appreciate + 목적어 형태를 사용하죠. 예문을 통해 살펴볼까요?

- We appreciate your choosing our hotel for your stay.
  저희 호텔을 선택해 주셔서 감사합니다.
- We appreciate your understanding.
  이해해 주셔서 감사합니다.

Appreciate는 thanks 보다 조금 더 격식 있는 표현으로 원어민들이 도움이나 호의에 감사할 때 즐겨 쓰는 표현입니다. 고객들이 서비스를 받고 "I appreciate it"이라고 감사를 표현하는 경우도 많이 들을 수 있어요.

이제 appreciate가 고객 커뮤니케이션에서 잘 적용된 사례를

하나 살펴보겠습니다.[1]

미국의 한 놀이동산에서 롤러코스터의 강철 받침이 헐거워지면서 대형 사고로 이어질 뻔한 사건이 있었는데요. 다행히 잘 조치해 어떤 사고도 발생하지는 않았습니다. 다만 놀이 기구 운행이 중단되어 고객 불편이 있었죠. 이 상황에 대한 놀이공원의 사과문을 살펴볼게요.

- Safety is our top priority and we appreciate the patience and understanding of our valued guests during this process.
  안전은 우리의 최우선 순위입니다. 점검 기간 동안 고객 여러분들께서 보여주신 인내와 이해에 감사드립니다.

이 문장에서도 '고객님의 인내에 감사합니다'라는 뜻으로 "appreciate the patience"라고 표현했지요? Appreciate 다음에 for 없이 고마운 것에 해당하는 단어를 바로 넣어주시면 되겠습니다.

혹시 이 놀이공원의 사과문을 읽으면서 '이런 상황에서는 "We

---

[1] USA Today. (2023.07.02). "Carowinds Fury 325 Roller Coaster Temporarily Closed Due to Crack in Support Beam". https://www.usatoday.com/story/travel/news/2023/07/02/carowinds-fury-325-roller-coasters-crack-north-carolina/70377115007/

are sorry"라고 먼저 사과해야 하는 거 아닌가?'라고 생각하시는 분들 계신가요? 저는 이 사과문을 보면서 '역시 한국과 문화가 달라. 사과가 매우 쿨하군'이라는 생각을 했답니다.

이 사례에서 볼 수 있듯이 실제 사고는 없었지만 고객 불편이 발생한 상황에서는 '고객님의 인내에 감사드립니다'라는 식으로 표현해 부정적인 이미지를 줄이면서도 감사의 마음을 전달하는 것도 좋은 전략 같습니다.

서비스 언어의 중요한 원칙 중 하나는 고객에게 부정적인 이미지보다 긍정적인 이미지를 떠올릴 수 있도록 긍정 표현을 사용하는 것입니다.

물론 사과가 꼭 필요한 상황에서는 진심 어린 사과가 우선되어야 하겠죠. 그러나 그 외의 경우라면, '불편을 참아주셔서 감사합니다. 역시 당신은 멋진 고객이에요. 고마워요'라는 메시지로 고객의 마음을 말랑하게 만들 수도 있답니다.

조동사와 친해지자

일상 대화와 서비스 영어의 가장 큰 차이가 무엇이냐고 물어본다면, 공손한 조동사의 사용이라고 말씀드릴 것 같습니다.

조동사는 동사원형과 함께 사용되어 동사를 보조해 주는 역할을 합니다. Can, could, may, might, shall, will, would, should, must와 같은 조동사는 동사의 뉘앙스를 살려주는 중요한 존재죠.

서비스 영어에서는 공손함과 친절함을 표현해야 하기 때문에, 일상 영어보다 조동사를 적극 활용하는 경우가 많습니다.

예를 들어, '고객님 도와드릴까요?'라는 말을 영어로 표현할 때, 흔히 Can I help you?를 사용합니다. 하지만 can은 다소 가볍게 느껴질 수 있으므로, 조금 더 정중한 상황에서는 could나 may를 사용할 수 있습니다.

Could와 may를 비교해 보자면, may가 could보다 더 공손한 느낌을 줍니다. 그러니 can - could - may 순으로 공손성이 높아진다고 볼 수 있죠.

- Could/May I assist you with anything else?
  더 도와드릴 일이 있을까요?
- Could/May I bring you something to drink?
  음료 하시겠습니까?

고객의 의향을 여쭤볼 때도 조동사를 활용하시면 좋습니다. 상대방의 필요를 물어볼 때 일반적으로 사용하는 표현은 Do you want/need…?입니다. 하지만 고객과의 대화에서는 Do you want/need…? 보다는 Would you like…? 를 사용하는 것이 적합합니다. 공손하게 말하고 싶은 상황에서 do가 먼저 떠오른다면 would로 바꿔보시면 좋아요.

- Would you like some wine?
  와인 한잔하시겠습니까?
- Would you like a seat by the window?
  창가 자리로 안내해 드릴까요?

마지막으로, should를 살펴보겠습니다. 우리는 흔히 should를 '해야만 한다'라는 강한 의무로 이해하는 경향이 있습니다. 하지만 서비스 상황에서는 고객에게 좋은 것을 권장하거나, 부드럽게 넛지(nudge)할 때 적절히 사용할 수 있습니다.

- You should try this wine! It's really good.
  이 와인 한번 드셔보세요! 정말 좋아요.
- You should check out our signature dessert! It's absolutely delicious.
  저희 시그니처 디저트 한번 드셔보세요! 정말 맛있어요.

Can, could, may, would, should에 대해서 살펴보았는데요. 이처럼 조동사를 상황에 맞게 사용하면 말의 뉘앙스를 살리면서 더 고급스럽고 전문적인 인상을 줄 수 있답니다.

오늘 평소에 잘 사용하지 않던 조동사가 있다면, 하나 골라서 써보시는 건 어떨까요?

나의 절친,
긍정 형용사

　방금 서비스 영어에 있어서 조동사의 중요성과 활용에 대해 살펴봤지요.

　이번에는 여러분의 서비스 영어를 더 원활하고 경쾌하게 만들어 줄 또 하나의 친구를 소개해 드리도록 하겠습니다. 긍정 형용사를 살펴보겠습니다.

　긍정 형용사는 단순히 명사를 꾸미는 것에 그치지 않고, 서비스 제공자가 가지고 있는 따뜻한 마음을 고객에게 효과적으로 전달할 수 있도록 도와줍니다. 서비스에 부드러움을 더해 주는 파워풀한 도구죠.

　Part 4에서 웃지 않으면서 객실을 업그레이드했던 직원의 예를 소개했는데요. 그 직원의 표정도 문제였지만, 그 직원이 실제 사용했던 문장이 어떠했을지 궁금합니다. 다음의 두 문장을 읽고 여러분이 고객 입장에서 어떤 문장이 더 마음에 드실지 골라보세요.

1. A room in the higher category is available, and we'd like to extend this upgrade to you.
2. We're happy to offer you a complimentary upgrade to a higher room category.

만약 1번을 선택하셨다면, 당신은 T.

저의 MBTI가 ISTJ라 팩트로 말해주는 것을 선호하는 성격이기도 합니다만, 지금 여기는 서비스 영어를 이야기하는 중이니 T 성향은 잠시 넣어두고 F를 끌어내 봅시다.

서비스 제공자가 여러분 앞에 서서 위의 두 문장을 말한다고 했을 때 더 편안하게 느껴지는 건 2번입니다.

첫 번째 문장은 다소 직설적이고 약간은 기계적인 설명처럼 들릴 수 있어요. 이렇게 기계적으로 말할 경우 표정도 딱딱할 수 있기 때문에 고객이 불편하게 느낄 수 있습니다.

반면 2번 문장은 고객이 받을 혜택을 직접적으로 전달하기 때문에 더 매력적으로 들립니다. '고객님께 객실을 업그레이드해 드리게 되어 기쁘네요'라는 말에는, 감정까지 함께 전달되는 효과도 있죠.

긍정 형용사를 사용할 때 말하는 사람의 마음가짐도 달라지기 때문에, 긍정 형용사는 서비스 영어에서 꼭 필요한 존재입니다.

고객에게 특별한 혜택을 제공할 때 대표적으로 pleased, delighted, honored와 같은 형용사를 사용하면 좋습니다. 서비스를 제공하는 사람이 기쁜 마음으로 혜택을 드리고 있다는 인상을 줄 수 있거든요.

예를 들어, I'm delighted to assist you with your request (고객님의 요청을 도와드릴 수 있어 기쁩니다)라고 말하면, 고객은 단순히 도움을 받는 것이 아니라 자신이 소중한 존재로 여겨진다고 느끼게 됩니다.

더 활발하고 긍정적인 에너지를 전달하는 형용사들도 있습니다. 미드를 보면 fantastic, wonderful, exceptional, amazing, brilliant와 같은 형용사들이 고객과의 대화에서 자주 사용되는 것을 볼 수 있습니다.

We hope you have a fantastic experience (좋은 시간 되시길 바랍니다)라는 문장을 사용하면 고객의 투숙 경험이 즐거울 것이라는 긍정적인 기대감을 심어줍니다.

감사의 마음을 전할 때 사용하는 형용사도 있습니다.

앞서 thank와 appreciate라는 감사의 동사도 살펴보았는데요. Grateful이라는 형용사를 활용해 감사 표현을 해보시는 것도 좋습니다.

Thank you가 가장 일반적인 감사의 인사이고, appreciate는 thank you보다 더 정중하고 격식 있는 표현이라면, grateful은 말하는 사람의 감정에 집중해서 사용하는 표현입니다.

예를 통해 살펴보겠습니다.

- We're grateful for your patience during this process.
  그동안 기다려 주셔서 감사드립니다
- We're grateful for your kind remarks.
  따뜻한 말씀 감사드립니다

위의 문장과 같이 진심을 담아 감사의 뜻을 전하고 싶을 때 grateful을 사용하시면 좋습니다.

우리나라 말에서는 감정 표현을 하는 것을 약간 낯간지럽다고 생각하는 경향이 있는 것 같습니다. 따라서, 말할 때 '~하게 되어 기쁘다, 환상적이다, 대단히 멋있다'와 같은 표현을 잘 사용하지 않죠.

그렇지만, 우리가 손발 오글거림을 조금 극복해 낼 수 있다면 우리의 영어는 더 다양한 감정의 색깔로 채워질 수 있습니다.

아무리 좋은 형용사라도 남발하거나 기계적으로 사용한다면 진심이 전달되지 않겠죠. 그것과 마찬가지로 아무리 좋은 서비스도 감정을 뺀 상태로 말을 하면 고객과의 거리를 좁히기 어렵습니다.

꼭 필요한 곳에 감정이 담긴 형용사를 가끔 사용해 주시면, 여러분의 서비스는 훨씬 더 따뜻하고 진정성 있는 모습으로 고객의 마음에 남을 것입니다.

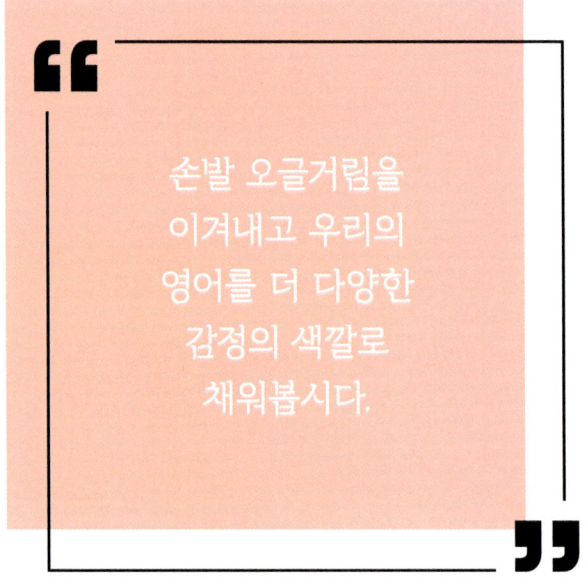

I'm sorry. I'm really sorry…
I'm very sorry

　서비스 현장에서 고객을 모시다 보면 사과를 해야 할 때가 많습니다. 사과를 할 때면 가장 먼저 "I'm sorry"가 떠오릅니다. 그런데 사과를 해야 하는 상황이 I'm sorry로만 끝나지 않는 경우가 많아요. 사건의 연속성 때문인지 사과할 일이 생기면 또 안 좋은 일이 발생하기도 하거든요.

　I'm sorry를 또 쓰자니 덜 미안하게 들릴 것 같기도 하여 고민하다가 "I'm really sorry …", "I'm very sorry …"를 어쩔 수 없이 쓰기도 하죠.

　대안이 떠오르지 않는 급한 경우에 이렇게 사과하는 것도 훌륭합니다만 사과를 받는 고객 입장에서는 이렇게 사과를 받으면 좀 답답할 것 같습니다. 왜 그럴까요? 드라마 남녀 주인공이 다투는 장면을 함께 떠올려 보겠습니다.

"미안해…"

"뭐가 미안한데?"

"정말 미안해…"

흠…. 느낌이 오시죠?

이렇게 이유를 말하지 않고 미안하다고 사과만 하면 상황은 전혀 개선되지 않고 도돌이표 식 대화만 하다가 더 안 좋은 결과로 나아가게 되죠.

서비스 대화도 마찬가지입니다. 사과를 할 때는 단순히 '미안합니다', '정말 미안합니다'로만 끝내서는 안 됩니다. 반드시 '어찌저찌해서 미안하다'는 구체적인 이유가 함께 제시되는 것이 중요합니다.

고객에게 사과를 해야 할 때 단순히 I'm sorry라고 말하고 끝나는 것보다는 I'm sorry for라는 표현을 사용하여 어떤 이유로 죄송한지를 명시하는 것이 좋습니다.

I'm sorry for 다음에 명사나 동명사(verb+ing)로 사과의 이유를 간결하게 부언할 수 있습니다.

- I'm sorry for the inconvenience.
  불편을 끼쳐 드려 죄송합니다.

- I'm sorry for making you wait.
  기다리게 해서 죄송합니다.
- I'm sorry for the confusion earlier.
  이전에 혼란을 드려 죄송합니다.

말씀드린 것처럼 위의 구문은 간단하게 사과를 하실 때 사용하기 적합합니다.

여기에서 조금 더 나아가 고객의 감정이나 상황에 공감하면서 사과를 전달하고 싶다면 I'm sorry that을 사용하는 것이 효과적입니다. 이 표현은 that절(주어+동사)을 활용하여 사과의 이유를 보다 상세히 설명할 수 있습니다.

- I'm sorry that you had to wait so long.
  오랫동안 기다리게 해드린 점 죄송합니다.
- I'm sorry that the product didn't meet your expectations.
  제품이 고객님의 기대에 미치지 못해 죄송합니다.
- I'm sorry that this happened during your stay.
  이런 일이 숙박 중에 발생해 죄송합니다.

다음으로 I'm sorry보다 공식적이고 공손한 표현을 원하는 분들을 위해서 I apologize를 소개해 드릴게요. 이 표현은 격식 있고 진지한 사과를 전달하기에 적합하며, 특히 공식적인 상황에서 유용합니다.

- I apologize for the inconvenience caused by the booking error.
  예약 오류로 인해 불편을 끼쳐 드려 죄송합니다.
- I apologize for the delay in serving you.
  서비스가 지연된 점 사과드립니다.

사과에 진정성을 더하고 싶다면 sincerely를 추가하여 '진심으로 죄송하다'는 의미를 강조할 수 있습니다.

- I sincerely apologize for the confusion caused by my earlier statement.
  이전 제 발언으로 인해 혼란을 드려 진심으로 사과드립니다.
- I sincerely apologize for any inconvenience this may have caused.
  이로 인해 불편을 끼쳐 드린 점 진심으로 사과드립니다.

지금까지 상황에 따라 사용할 수 있는 가벼운 사과부터 진중한 사과의 표현을 알아보았습니다.

잘 익혀두셨다가 상황에 맞게 뉘앙스를 살려서 사과한다면, 여러분의 진심 어린 사과가 고객에게 더 잘 전달될 것입니다.

영어로 전화 받는
기본 요령

호텔에서 일하면서 가장 힘들었던 부분 중 하나가 '전화 응대'였습니다. 고객이 제 앞에서 컴플레인을 하고 있고, 도와줄 동료도 없는 상황에서 전화까지 울리면 어쩔 수 없이 받게 되는데, 그게 참 쉽지 않더라고요.

대면 서비스도 어렵지만, 유선상으로 제공하는 서비스는 더 까다로울 수밖에 없습니다. 그래서 이번 장에서는 서비스 영어 전화 에티켓을 알아보도록 하겠습니다.

첫째, 전화 받기

전화를 받자마자 그리팅 메시지로 환영 인사를 드립니다. 이 경우 회사 이름과 자신의 이름을 밝히는 것이 일반적입니다. 영어로는 보통 "Thank you for calling [organization]. This is [name] speaking"이라고 표현합니다.

제가 일했던 호텔에서는 "Thank you for calling [호텔 이름]. This is Katie speaking. How may I assist you?"와 같은 긴 인사말을 사용했답니다. 이렇게 긴 인사말은 꼬이는 일이 부지기수입니다. 따라서 전화를 받자마자 자연스럽게 말할 수 있도록 여러 번 연습해 두는 것이 중요합니다.

한 가지 주의할 점은 "Hello!"로 전화를 받지 않는 것입니다. 이렇게 응대하면 회사에서 한국어로 전화를 받을 때 "여보세요?"라고 말하는 것과 같기 때문에 고객 응대에서 적절치 않습니다.

둘째, 너무 짧게 말하지 않습니다.

유선상으로 고객과 통화할 때도 고객을 직접 만났을 때와 마찬가지로 문장을 너무 짧게 사용하는 것을 피해야 합니다. 물론 영어가 익숙하지 않아 간결한 문장으로 응대해야 하는 상황도 있을 수 있지만, 가능하다면 서비스의 매직 단어인 please를 붙이는 연습을 해보세요.

"Your name?" 대신 "May I have your name, please?"처럼 조동사와 please를 사용해 문장을 조금씩 늘려 사용하는 것이 좋습니다. 시간과 관련된 질문도 "What time?"처럼 짧게 묻기보다는 "What time would you like…"와 같은 표현을 사용해 상대방이 존중받는다는 느낌을 받을 수 있도록 하는 것이 중요합니다.

- 잘못된 예: Your name?
- 바른 예: May I have your name, please?
- 잘못된 예: What time?
- 바른 예: What time would you like to use the service?

셋째, 전화에 집중하고 있다는 인상을 줍니다.

서비스 환경은 언제나 바쁩니다. 하지만 고객과 통화 중에는 다른 일로 급히 달려가야 할 것 같은 인상을 주거나 수화기를 멀리 떨어뜨리고 말해서는 안 됩니다. 고객은 자신이 온전히 주의를 받고 있다고 느낄 때 더 신뢰를 갖고 대화를 이어갈 수 있어요.

전화 너머의 고객이 어떤 상황에 있는지 모르기 때문에 적정한 목소리 크기를 유지하면서 발음이 명확하게 들리도록 해야 합니다. 단조로운 톤으로 대화를 하면 경우 고객이 알아듣기도 어려울 뿐만 아니라 수동적인 느낌을 주게 됩니다.

친절하고 활기찬 분위기로 통화를 하면 고객도 더 친절하게 응대할 확률을 높여준다고 하니 전화 커뮤니케이션의 톤을 밝게 유지할 필요가 있습니다.

마지막으로, 중요한 정보는 받아 적습니다.

전화 예절에서 가장 중요한 부분 중 하나는 노트 테이킹입니다.

전화 통화는 서로의 얼굴을 볼 수 없는 상황에서 이루어지기 때문에, 전달되는 정보를 꼼꼼히 기록해 두는 것이 필수적입니다. 그렇지 않으면 서로 다른 이야기를 하게 되거나, 고객에게 동일한 내용을 반복적으로 말하게 만드는 실수를 할 수 있습니다.

특히, 고객의 정보 중 이름이나 주소처럼 스펠링이 중요한 경우에는 정확히 받아 적는 것이 매우 중요합니다. 이때 간단한 영어 단어와 연결하여 스펠링을 확인하면 실수를 줄일 수 있습니다.

예를 들어 제 이름을 받아 적는다면, "K for King, A for Apple, T for Tiger, I for India, E for Egg"와 같은 방식으로 확인하면 됩니다. 이런 방법을 사용하면 고객의 정보가 잘못 기록될 가능성을 효과적으로 방지할 수 있습니다.

숫자는 더 알아듣기 어렵기 때문에 평소에 연습해 두지 않으면 당황하기 쉽습니다.

6688 영어로 한 번 읽어봅시다.

물론 "six six eight eight"처럼 숫자 하나씩 끊어 읽을 수도 있습니다. 하지만 많은 외국인들이 "double six, double eight"이라고 두 개씩 합쳐서 읽기도 합니다. 고객이 숫자를 명시했을 때는 받아 적은 정보를 다시 읽어서 받은 정보가 정확한지 확인해야 합니다.

전화 받기
필수 표현

전화 응대는 각자 다른 공간에서 대화를 하는 상황이고, 전화 연결이 좋지 않은 경우도 있어서 대면 서비스보다 훨씬 더 어렵습니다.

전화 응대에 대해서 이야기할 때마다 떠오르는 사람이 있는데요. 호주에서 예약 업무를 할 때 같이 일했던 매니저입니다.

이 매니저는 제가 만났던 모든 호텔리어 중 전화 응대를 가장 잘하는 사람으로 기억하고 있어요. 고객의 요구를 찰떡같이 알아듣는 것을 물론이고 얼마나 똘똘하게 대답했던지 지금도 그 모습이 기억이 나네요. 이 분은 미드에 나올법한 가십걸이었는데, 고객에게 전화만 걸려 오면 180도 돌변해서 전문성 있게 업무하는 모습이 내심 얄밉게 느껴졌던 적도 있었네요.

그때 그 매니저에게 배웠던 전화 응대의 핵심은 '정확성'입니다. 발음과 정보를 정확하게 또박또박하게 말하여 고객이 소음이 있는 상황에서 전화를 받아도 명확하게 들을 수 있도록 해야 한다는 거죠. 특히, 예약 날짜, 객실 타입, 고객 성명, 요청 사항과 같은 정보가 틀리지 않도록 잘 받아 적고 한 번 더 확인하는 것이 매우 중요한 과정이었습니다.

제가 tbs eFM에서 뉴스를 전할 때 캐나다 선배도 이런 조언을 해주었어요.

"너는 조용한 스튜디오에서 방송을 하지만 청취자들은 주로 차에서 뉴스를 듣고 있어. 따라서 정보를 힘 있고 명확하게 전달해야 해."

이 조언은 전화 응대에도 똑같이 적용될 수 있습니다. 고객은 운전 중이거나 이동하면서 전화를 받을 수 있으므로, 정보를 알아듣기 쉽게 전달해야 합니다. 그리고 전화를 받으시는 분들의 청력에도 편차가 크기 때문에 상대방이 잘 못 알아들으시는 것 같으면, 목소리의 톤, 크기, 말의 빠르기 등을 조절해 주서야 합니다.

전화 영어도 대면 서비스와 마찬가지로 주요한 표현을 잘 익혀두서야 편안하고 자연스럽게 응대할 수 있습니다. 아래의 주요 표현을 잘 숙지하셔서 명확하고 깔끔한 전화 응대를 하시기 바랍니다.

전화 받을 때

- Thank you for calling [company name]. This is [your name]. How may I assist you?
  [회사명]에 전화 주셔서 감사합니다. 저는 [이름]입니다. 무엇을 도와드릴까요?

전화 대기할 때

- Please hold for a moment.
  잠시만 기다려주세요.
- Could you please hold for a moment while I check?
  확인하는 동안 잠시만 기다려 주시겠습니까?

부재중일 때

- I'm sorry, but [name] is not available at the moment. May I take a message?
  죄송하지만, [이름]님이 지금 자리에 안 계십니다. 메시지를 남겨 드릴까요?
- [Name] is currently out of the office. Would you like to leave a message or call back later?
  [이름]님은 현재 사무실에 계시지 않습니다. 메시지를 남기시겠습니까, 아니면 나중에 다시 전화하시겠습니까?

정보를 요청할 때

- May I have your name, please?
  성함을 알려주시겠어요?
- May I have your contact information?
  연락처를 남겨 주시겠습니까?

잘 안 들릴 때

- I'm sorry, could you repeat that, please?
  죄송합니다만, 다시 한번 말씀해 주시겠어요?
- Could you please speak a little more slowly?
  조금 더 천천히 말씀해 주시겠어요?
- I'm sorry, the line is not clear. Could you please spell that for me?
  죄송하지만, 연결 상태가 좋지 않습니다. 철자를 말씀해 주시겠어요?
- Sorry, the phone dropped for a second. / Sorry, you cut out for a second. Can you repeat that?
  죄송해요, 잠깐 소리가 잘 안 들렸어요. 다시 말씀해 주시겠습니까?

문제 해결 약속

- I'll check this right away and get back to you as soon as possible.
  바로 확인하고 가능한 빨리 연락드리겠습니다.
- Let me check this for you and call you back.
  확인 후 다시 전화드리겠습니다.

통화 마무리

- Is there anything else I can assist you with?
  다른 도와드릴 것은 없을까요?
- Thank you for your call. Have a great day!
  전화 주셔서 감사합니다. 좋은 하루 되세요

I'm fine, thank you.
And you?

수업 중에 자주 받는 질문이 있습니다.

"How are you?"라는 질문을 받으면 자동으로 나오는 표현이 "I'm fine, thank you. And you?"인데, 정말 이 표현을 써도 되냐고 물으시곤 합니다.

저는 정말 다른 표현이 떠오르지 않을 때는 머뭇머뭇하시기보다는 "I'm fine, thank you. And you?"라고 바로 시원~하게 말씀하시라고 조언드립니다.

자동으로 "I'm fine, thank you. And you?"라는 답변이 이미 튀어나왔다면 틀렸나 맞았나 고민하지 마시고 다음 대화로 넘어가시면 됩니다.

그러나 조금 더 정확하고 현대적인 표현을 알아둘 필요는 있겠죠. 사실 "I'm fine, thank you. And you?"는 현대적인 표현은 아니거든요.

일반적으로는 "I'm good, thanks. How are you?"라고 답하시는 것이 가장 무난합니다.

함께 활용할 수 있는 몇 가지 예를 살펴보겠습니다.

- 캐주얼하고 자연스럽게 응대할 때
  I'm good, thanks! How can I help you?
- 조금 더 공손하면서 밝고 친근한 톤
  I'm great, thank you! How can I assist you today, ma'am/sir?
- 포멀하면서 부드러운 응대
  I'm doing well, thank you! How may I assist you today?

혹시라도 위의 인사법을 보시면서 '아… 나는 고객에게 조금 더 격식 없이 편안하게 인사를 나누고 싶은데'라는 생각을 하시는 분들이 계실까 봐 아래의 당부 말씀을 드리도록 하겠습니다.

미드를 보면 가볍고 편안하게 인사를 건네는 고객을 간혹 볼 수 있습니다. 그에 대한 응대로 "Yeah, not bad!" "Fine!" "Can't complain!" "Same old, same old"처럼 간단히 답하는 경우가 나오기도 하죠.

이런 경우는 아주 단골이거나 고객과 직원이 서로 익숙하고 편한 분위기에서만 사용하는 경우입니다. 따라서 미드에서 나오는 캐주얼한 표현을 익혀두셨다가 고객 응대 상황에서 사용하는 것은 적절하지 않답니다.

고객 앞에서는 not bad처럼 부정적인 뉘앙스를 가진 말이나 fine!처럼 너무 짧은 답변은 사용하지 않으시는 게 좋겠습니다.

현장에서는 간혹 붙임성 있는 고객이 "What's up?"이라고 인사를 하며 훅 들어오는 경우도 있는데요. 여기에 낚여서 미드 바이브를 끌어내지 마시고, "I'm doing great, thank you! How can I assist you?" 정도로 답하시면 좋습니다.

고객을
처음 만났을 때

고객에게 대면 서비스를 제공할 때 가장 긴장되는 순간은 자신을 소개하는 첫 장면일 것입니다. 일반적으로 매장을 방문하는 고객에게 자신을 소개할 일이 많지는 않지만, 럭셔리 VIP 매장이나 비즈니스 고객을 만날 때는 영어로 자신을 소개해야 하죠.

이때 이름을 먼저 이야기해야 할지, 회사 이름을 먼저 말해야 할지, 악수를 해야 할지, 아니면 명함을 건네야 할지 고민이 될 수 있습니다. 하지만 정답은 의외로 간단합니다.

자연스럽게, 상대방의 리듬에 맞춰 주시면 됩니다. 다만 긴장한 상태에서는 이러한 자연스러움을 유지하기 어렵게 느껴질 수 있으니, 우리끼리 사전 리허설을 해봅시다.

매장에 방문하는 고객과는 통상적으로 악수를 하지 않지만, 비즈니스 목적으로 만난 고객과는 악수를 나누는 것이 일반적입니다.

간혹 악수할 때 허리를 굽히거나 두 손으로 상대방의 손을 잡는 경우가 있는데요. 비즈니스 상황에서는 등을 펴고 한 손만 내밀어 간단하게 악수하는 것이 좋습니다.

처음부터 악수하는 것이 어색하게 느껴진다면, 자신을 소개하며 명함을 건네는 것으로 시작할 수도 있습니다. 명함을 건넬 때는 반드시 영어로 작성된 면이 고객에게 보이도록 해야 합니다. 간혹 한국어 면을 외국인 고객에게 건네는 경우가 있는데, 상대방이 읽기 편한 면으로 건네는 것이 기본 매너입니다.

명함을 건네며 자신을 소개할 때 사용할 수 있는 간단한 표현은 다음과 같습니다.

- Good morning, I'm Kim, the assistant manager at Communication Service Company.
- Hello, my name is Kim, and I'm the assistant manager at Communication Service Company.

그날의 시간대에 맞는 인사말(Good morning, Good afternoon, Good evening)을 건네시거나, 간단히 Hello!로 첫인사를 시작하시면 됩니다.

위의 표현에 더해 자기소개에 부서 이름을 포함하고 싶다면 다음과 같이 말할 수 있습니다.

- Hello, I'm Kim, the assistant manager of the client services team at Communication Service Company.

그럼 이제 여러분의 이름, 직함, 부서 이름, 회사 이름을 괄호 안에 넣어 연습해 봅시다.

- Hello, I'm [이름], the [직함] of the [부서 이름] team/department/division at [회사 이름].

어느 상황에서나 자연스럽게 술술 나올 정도로 익혀두면, 실전에서 자신감 있게 자신을 소개할 수 있습니다.

고객 앞에서
빛나는 영어 PPT

제가 국제회의 동시통역사로서 일을 하면서 다양한 국적의 연사분들을 접할 기회가 많았습니다. 최근에는 한국 연사분들이 영어로 직접 발표를 하시는 모습을 종종 볼 수 있는데요. 팔이 안으로 굽는다고, 우리나라 연사분들이 더 잘하셨으면 하는 마음이 들 때가 많습니다. 특히, 우리나라 연사의 영어 발표가 외국인 청중들에게 공감을 얻지 못할 때는 안타까운 기분이 들기도 한답니다.

그렇다면, 어떻게 하면 영어 발표를 더 효과적으로 할 수 있을까요?

먼저, 우리가 프레젠테이션을 준비할 때 흔히 하는 실수부터 짚어보겠습니다.

첫 번째는 한국어를 영어로 번역하여 그대로 슬라이드를 만드는 것입니다. 서면 자료도 중요한 커뮤니케이션 도구인 만큼, 모든 내용을 담으려 하기보다 전달하고 싶은 메시지를 임팩트 있게 표기하는 것이 중요합니다.

한국어를 영어로 번역하여 그대로 싣게 되면 영어 버전이 지나치게 길어져 슬라이드가 과도하게 빽빽해질 수 있습니다.

한국어는 한자 기반의 단어가 많아 두세 글자로 의미를 함축할 수 있는 반면, 영어는 단어를 풀어써야 하고 접속사와 관계사가 많아 글자 수가 훨씬 더 길어집니다. 이런 경우, 멀리서 보면 글자가 잘 보이지 않아 가독성이 떨어지게 되죠.

꼭 모든 내용을 포함해야 한다면, 한국어 슬라이드의 한 장 분량을 영어 슬라이드에서는 두 장으로 나누어 작성하시는 것을 권장합니다.

자, 슬라이드가 잘 준비되었다고 가정하고, 이제 스크립트 작성에 대해 말씀드려 볼게요.

요즘 AI 번역기가 워낙 잘 되어 있다 보니, 이를 무조건 신뢰하는 경우가 많습니다. 하지만 한국어 원문을 제대로 다듬지 않고 번역기를 사용하면, 발표 내용을 영어로 들었을 때 원문의 의도와 다른 의미로 전달될 수 있습니다.

데이터 학습에서 흔히 사용하는 'Garbage in, Garbage out'이라는 표현이 있죠. 입력 데이터가 부정확하면 결과물도 엉망이 된다는 뜻입니다.

발표용 스크립트를 작성할 때는 한국어 문장에서 주어, 서술어, 목적어가 명확한지 반드시 확인하여 번역기가 오역하지 않도록 해야 합니다. 한 문장에 여러 내용을 담으면 번역기가 문법 구조를 잘못 이해해 엉뚱한 결과를 낼 수도 있습니다.

또한, 앞서 말씀드린 대로 영어는 한국어보다 문장이 길어질 수밖에 없기 때문에, 지정된 시간 내에 허겁지겁 읽지 않으려면 일부 불필요한 내용을 과감히 생략하는 것도 중요합니다.

여러분이 전달하고자 하는 핵심 메시지를 잘 정리해서, 고객의 시선을 사로잡는 슬라이드와 스크립트를 완성하시기를 바랍니다.

고객 앞에서
빛나는 영어 발표

영어 PPT와 스크립트가 깔끔하게 잘 준비되었다고 가정하고, 이제 스피킹 연습을 해보도록 하겠습니다.

잘 정리된 스크립트는 여러 번 읽거나 외운 후 반드시 입으로 말해보는 연습을 하셔야 합니다. 이렇게 해야 어색한 발음이 자연스럽게 입 근육에 익숙해질 수 있습니다.

영어 발표를 준비할 때는 꼭 주어진 시간에 맞추어 발표할 수 있는지 시간을 재보셔야 합니다. 국제회의나 고객 앞에서 발표 시간을 제대로 지키지 못하면 전문적이지 않다는 인상을 줄 수 있습니다. 정해진 시간 안에 핵심만 명확하게 전달하는 것은 대단한 능력이거든요.

발표 당일, 준비된 스크립트를 바탕으로 자신감 있고 빠르게 그리고 유창하게 후루룩~ 영어로 말하고 싶으실 겁니다. 그런데 간혹 (솔직히 종종) '이거 봐! 나 영어 잘해! 이렇게 빨리 읽을 수 있어!' 라는 인상을 줄 정도로 빨리 읽는 분들이 계세요.

하지만 너무 빠르게 "다다다다~" 하는 식으로 읽어 나가면 영어의 연음과 강세가 살지 않아, 내용 전달이 제대로 되지 않습니다. 그리고 더 중요한 것은 그렇게 읽을 경우 그닥 영어를 잘하는 것처럼 보이지도 않아요. 오히려 세련미가 떨어진달까요?

따라서 영어 발표 시 꼭 지켜야 할 아주 쉽고도 중요한 원칙이 있습니다. 마침표가 있는 곳에서 꼭 숨을 쉬어야 한다는 점이에요. 긴장이 되어서 다른 것은 잊더라도, 숨 쉬는 것만은 반드시 기억해야 합니다.

쉼 없이 문장을 달리다 보면, 숨이 가빠져 발음이 뭉개지고 연음도 이상한 곳으로 붙어버려 의미가 제대로 전달되지 않습니다. 숨만 제대로 잘 쉬어도 '아버지가방에들어가신다'로 들리는 실수를 막을 수 있습니다.

그리고 호흡이 떨어지게 되면 목소리 크기도 줄어들게 되죠. 더 중요한 것은 발표하면서 숨이 차서 헐떡거리는 모습은 전혀 전문적으로 보이지 않는다는 사실이에요. 속도는 조금 떨어져도 품위 있게 또박또박 말씀하시는 게 훨씬 멋있답니다.

어떨 때는 너무 사생결단 나도록 빨리 읽으셔서 '빨리 말해야

이기는 것, 천천히 말하면 지는 것'으로 생각하시는 것 아닌가 하는 생각이 드는 분들을 뵙기도 합니다.

입장을 바꿔서 생각해봅시다. 외국인이 한국어를 말하는데 "다다다다~"하면서 한국어 발표를 하면, 여러분 듣기 편하실까요?
얼마 전 KBS에서 아프리카의 한국어과 학생들이 한국에 오는 티켓을 두고 말하기 대회를 하는 프로그램을 본 적이 있었어요.
발표자 중에 또박또박 논리적으로 말하는 분들이 있는가 하면, 뭔가 한국인처럼 말하려고 하지만 말도 빠르고 듣기 불편한 분들도 있었습니다.
그런 발표자를 보면서, '에이~ 저 사람 무리하네' 하는 생각이 들더라고요. 우리도 영어가 모국어가 아니기 때문에 너무 무리하면 보는 사람도 불편합니다. 그러니 영어로 발표를 하실 때는 조금 relax~ 하는 게 나와 보는 사람 모두를 위해서 좋습니다.
천천히 또박또박 말하는 것이 오히려 더 고급스럽고 전문적으로 들린다는 사실 잊지 마세요!

정리하겠습니다.

- PPT는 간결하게 작성하세요.
- 한국어 스크립트를 작성할 때 논리를 명확히 하여 번역기의 오역을 방지하세요.
- 영어 발표 시 천천히 또박또박 말하며, 마침표에서는 숨 쉬는 것 잊지 마세요.

이 세 가지를 준비하시면, 고객 앞에서 자신감 넘치고 깔끔한 영어 발표를 성공적으로 해내실 수 있을 겁니다!

마무리하며

예전에 한국관광공사에서 외국인 관광객에 대한 친절도를 높이기 위해 제작된 공익 광고가 있었습니다.

한 외국인 어린이가 인사동 거리에서 어디로 가야 할지 몰라 당황하고 있을 때, 누군가 다가와 친절하게 도와주자 활짝 웃는 모습이 인상적인 광고였습니다. 그 광고를 보면서 '맞아, 전혀 새로운 문화권에 발을 들인 관광객들은 마치 혼자 시내에 나온 어린아이 같을 수 있겠다'라는 생각이 들더군요.

지속 가능한 관광에 대한 관심이 높아지면서, 지역민과의 교류를 강조하는 관광 형태가 발전하고 있습니다. 그렇지만, 여전히 해외를 방문하는 외국인들이 현지인과 직접적으로 소통할 기회는 많지 않아요.

이들이 만나는 대부분의 사람들은 여러분과 같은 서비스 제공자들입니다. 따라서, 우리나라를 방문하는 외국인들에게 서비스를 제공해 주는 분들은 한국 문화를 대표하는 대사와도 같은 역할을 하게 됩니다.

이런 대표단들이 예의를 지키고 멋진 모습을 보여주는 것도 중요하지만, '내가 도와줄게!'라며 따뜻하고 친근한 태도를 보이는 것은 더 중요할 것입니다.

제가 호텔에서 근무할 때 고객을 응대하는 것이 즐겁기도 했지만, 컴플레인을 받을 때면 고객이 무섭게 느껴질 때도 있었습니다. 그래서 고객과 거리를 두고, 더 전문적이고 품위 있게 행동하려고 했던 시간도 있었던 것 같아요.

하지만 지금 돌아보면, 외국인 고객들 역시 나처럼 사랑받고 존중받고자 하는 존재라는 점을 간과하고, 단순히 '고객'으로만 생각했기 때문에 서비스가 어렵게 느껴졌던 것 아닌가 싶습니다.

서울 시내에는 약 30개에 달하는 5성급 호텔이 자리 잡고 있습니다. 그중에서도 독보적인 객실 가격과 고객 만족으로 유명한 호텔이 있는데요. 이 호텔의 예전 총지배인 중에 까다롭기로 명성이 높고, 일에 있어서는 완벽주의로 통하는 분이 계셨어요.

직원들이 모두 두려워하는 이 까칠한 총지배인님은 컴플레인 종결자로도 유명했다고 하는데요. "총지배인 나오라고 그래!" 하는 심각한 컴플레인이 발생하면 로비로 후다닥 내려와 고객을 만난다고 해요. 그런데 이 상황에서 마치 오랜 친구를 맞이하듯 두 팔을 벌려 '오, 나의 친구여!'와 같은 태도로 고객을 맞이한다고 합니다.

일반적인 서비스 상식으로는 고객에게 다가가 어떤 일이 있었는지 듣고, 불만 사항에 대해 깍듯하게 사과하며 앞으로는 그런 일이 없을 것이라고 맹세에 가까운 약속을 하는 것이 일반적이죠. 그런데 이 총지배인은 고객의 어려움을 듣다가 간혹 고객의 어깨에 팔도 두른다고 합니다. 물론, 그도 워낙 베테랑이기에 아무에게나 이렇게 행동하지는 않겠지만, 고객을 대하는 그의 마음가짐을 알 수 있는 대목이에요.

그 총지배인은 이 고객이 겪었을 불편을 진심으로 공감하며, 고객을 단순히 손님이 아닌 친구, 더 나아가 존중받아 마땅한 '사람'으로서 대하고 있는 것입니다.

환대란 내 마음의 자리를 기꺼이 내어주는 정신입니다. 이 총지배인은 자기 마음의 자리를 선뜻 내어주면서 고객에게 환대를 베풀고 있습니다.

한국을 방문한 외국인들은 우리나라에 대해 알고자 하는 호기심을 가지고 있지만, 한글을 읽지 못하고, 무엇을 먹어야 할지도 모르는 어린아이를 닮았다고 생각합니다.

현장에서 수업해 보면 '서비스 영어를 품위 있게 구사해야 한다'라는 부담감에 압도되는 분들을 자주 만나게 됩니다.

 물론, 서비스 제공자로서의 품위와 영어 실력도 중요하지만, 딱딱한 태도는 조금 내려놓고 친구를 도와주듯 고객에게 따뜻하게 다가가 보는 것은 어떨까요?

서비스 영어,
그 이상의 의미

    제가 일하면서, 가르치면서, 그리고 연구하면서 배우고 체험했던 서비스 영어의 기술과 노하우를 한 권의 책에 담고자 했습니다. 나누고 싶은 이야기가 많지만, 서비스 영어에 부담 없이 쉽게 접근하실 수 있도록 꼭 필요한 내용만 담으려고 노력했어요.

    서비스 현장에 계신 여러분이 외국인 고객에 대한 애정을 가지고 서비스 영어와 매일 친하게 지내신다면, 어느 순간 여러분이 계신 자리에서 더욱 빛나는 자신을 발견하게 될 것입니다.

    그리고 외국인 고객을 영어로 잘 모시고자 하는 독자님과 같은 분들이 많아질수록, 우리나라는 진정한 환대 서비스 대국으로 발돋움할 것이라 확신합니다.

    저는 우리나라가 무궁무진한 잠재력을 가지고 있다고 믿습니다. 영어라는 기술을 이용해 그 잠재력 안에 숨겨진 이야기를 풀어낼 수 있을 때, 비로소 세계에 우리의 가치를 더 잘 보여줄 수 있을 것입니다. 이 잠재력을 현실로 만들기 위해 저와 여러분이 함께 힘을 모아야 합니다.

저는 호텔학교를 다닐 때부터 지금까지, 지하철이나 길에서 당황한 외국인들을 그냥 지나치지 못합니다. 제가 사랑하는 대한민국에 방문한 분들이 더 즐겁고 행복하게, 한국에서의 좋은 추억을 가득 안고 돌아가기를 진심으로 바라기 때문이에요.

우리가 조금만 더 관심을 가지고 주위를 둘러보면, 외국인 관광객들을 위한 언어 편의를 개선할 수 있는 부분이 너무나도 많습니다.

예를 들어, 외국인이 자주 사용하는 ATM 기기는 영어로 기본 메뉴를 제공하지만, 에러 메시지는 한국어로만 표기됩니다. 설령 비상 전화를 걸 수 있다고 하더라도, 전화 받는 분이 영어로 응대가 안 되는 경우가 부지기수입니다. 외국인 지원을 위한 다산 콜센터는 휴일과 주말에는 운영되지 않습니다. 태블릿으로만 현장 이용객을 받는 푸드코트나 레스토랑에서는 한국 전화번호가 없는 외국 관광객은 대기자 명단에 이름을 올리는 것도 쉽지 않습니다.

이런 상황들을 접할 때마다 학과 여우의 우화가 생각나곤 합니다.

"우리는 K-pop의 나라이고, K-food의 나라야! 와서 우리 잔치에 함께해!"

외국인 관광객들을 초대는 했지만, 정말 함께 잔치를 즐길 준비가 되어있는지 확인해 볼 필요가 있어요. 그들을 위한 목이 좁은 병, 넓고 낮은 접시가 준비되었는지 돌아보아야 합니다.

우리 함께 잔치에 초대된 외국인 관광객들을 조금 더 따뜻하고 애정 어린 마음으로 맞이할 수 있기를 바랍니다.

오늘도 서비스 현장에서 고객을 모시는 여러분의 모든 여정을 진심으로 응원합니다.

참고자료

1. 단행본 (도서)
- 김현경. (2015). 『사람, 장소, 환대』. 문학과지성사.
- 김혜령. (2023). 『내 마음을 돌보는 시간』. 가나출판사.
- 유정임. (2023). 『말과 태도 사이』. 토네이도.
- 이기주. (2017). 『말의 품격』. 황소북스.
- 제임스 클리어. (2019). 『아주 작은 습관의 힘: 최고의 변화는 어떻게 만들어지는가』. 비즈니스북스.
- Mehrabian, A. (1971). Silent Messages: Implicit Communication of Emotions and Attitudes. Wadsworth Publishing.

2. 학위논문
- 김보균. (2022). 『텍스트 마이닝을 활용한 외국인 호텔 고객의 의사소통 만족에 관한 연구』. 세종대학교 박사학위논문.

3. 학술 논문 / 학술지
- 김보균, 김홍범. (2020). 「외국인 인바운드 관광객의 특성에 따른 언어소통 만족에 관한 연구」. 『관광레저연구』, 32(9), 63-78.
- 김보균, 이효성, 김홍범. (2020). 「호텔 직원의 영어 능력에 따른 직무만족 차이 분석」. 『관광레저연구』, 32(1), 217-236.

- Katie Bokyun Kim, Young-joo Ahn, & Hong-bumm Kim. (2023). "Core English Skills Affecting Korean Hoteliers' Perceived Language Proficiency". International Journal of Tourism and Hospitality Research, 37(4), 51-68. https://doi.org/10.21298/IJTHR.2023.4.37.4.51
- Leppänen, J. M., & Hietanen, J. K. (2004). "Positive Facial Expressions Are Recognized Faster Than Negative Facial Expressions, But Why?". Psychological Research, 69(1), 22-29.

4. 방송 / 영상 자료
- EBS. (2013). 『한국인과 영어』. 다큐멘터리 시리즈, EBS.

5. 기관 보고서 / 조사 통계
- 관광지식정보시스템. (2023). 『2023 외래관광객조사 결과』. https://know.tour.go.kr/stat/fReportsOfForeignerDis19Re.do

6. 국내 언론기사
- 국제문화홍보정책실. (2024.01.31). "지난해 방한 외국인 관광객 1100만명… 일본 232만명 최다". https://www.kocis.go.kr/koreanet/view.do?seq=1047444
- 연합뉴스. (2024.01.16). "국내 외국인 251만명… 전체 인구 4.9%로 '다문화사회' 목전". https://www.yna.co.kr/view/AKR20240116058800371
- 이데일리. (2025.01.24). "2025년 관광 트렌드는 'S.P.E.C.T.R.U.M.'". https://www.edaily.co.kr/News/Read?newsId=01144726642041000&mediaCodeNo=257
- 파이낸셜뉴스. (2024.09.01). "상반기 방한 관광객, 코로나 이전 뛰어넘었다… 아시아 방문객이 61.5%". https://www.fnnews.com/news/202409011258186619

7. 해외 언론 및 저널리즘 콘텐츠

- BBC. (2023.11.28). "Why Swedes Don't Speak to Strangers". https://www.bbc.com/travel/article/20201203-why-swedes-dont-speak-to-strangers
- Harvard Business Review. (2024.12.16). "4 Listening Skills Leaders Need to Master". https://hbr.org/2024/12/4-listening-skills-leaders-need-to-master?ab=HP-hero-for-you-text-1
- The Korea Herald. (2023.12.10). "EF English Proficiency Index: Korea Ranks 49th in Global English Proficiency, Down 13 Spots". https://www.koreaherald.com/article/3266142
- USA Today. (2023.07.02). "Carowinds Fury 325 Roller Coaster Temporarily Closed Due to Crack in Support Beam". https://www.usatoday.com/story/travel/news/2023/07/02/carowinds-fury-325-roller-coasters-crack-north-carolina/70377115007/

8. 웹사이트 / 블로그 / 온라인 콘텐츠

- ScienceAlert. (2024.01.03). "Scientists Find Evidence of a Universal Non-verbal Communication System". https://www.sciencealert.com/scientists-find-evidence-of-a-universal-non-verbal-communication-system
- Transparent Language Blog. (2014.04.14). "Small Talk Is a Big Deal: Perceptions of Chit-chat Around the World". https://blogs.transparent.com/language-news/2014/04/14/small-talk-is-a-big-deal-perceptions-of-chit-chat-around-the-world/
- Wikipedia. "List of Languages by Total Number of Speakers". https://en.wikipedia.org/wiki/List_of_languages_by_total_number_of_speakers